Miguel de Unamuno

San Manuel Bueno, mártir

Miguel de Unamuno

San Manuel Bueno, mártir

Paola Bianco
Wilkes University

Antonio Sobejano-Morán
SUNY Binghamton

Focus Publishing/R Pullins Company
Newburyport MA 01950

Text © 2004 by Heirs of Miguel de Unamuno

Cover illustration by Amy Roemer, www.amyroemer.com

Copyright © 2005 Paola Bianco and Antonio Sobejano-Morán

ISBN 10: 1-58510-144-3
ISBN 13: 978-1-58510-144-3

10 9 8 7 6 5 4 3 2

1206TS

Table of Contents

Introducción

Miguel de Unamuno

VIDA Miguel de Unamuno (1864-1936), uno de los estandartes más visibles de la generación del 98, nació en Bilbao. Su padre buscó fortuna en México y a su regreso se casó con una sobrina bastante más joven que él, abrió una panadería en Bilbao y murió cuando Unamuno tenía seis años. Unamuno recibió una educación primaria estrictamente católica en un colegio de pago frecuentado por estudiantes de clase media. En 1875 ingresó en el Instituto Vizcaíno, una institución de enseñanza secundaria. En estos años Unamuno se enfrascó en la lectura de apologistas católicos, como Jaime Balmes y Juan Donoso, y de la Biblia. En 1880 se matriculó en la facultad de filosofía y letras de la universidad de Madrid, y durante esta fase de su vida Unamuno se sintió atraído por las últimas tendencias ideológicas, innovaciones pedagógicas, el principio de regeneracionismo nacional, el positivismo, el agnosticismo y el radicalismo político. Durante su estancia en Madrid, Unamuno cultivaba su vida intelectual pasando gran parte del tiempo en la biblioteca y asistiendo a conferencias en el Ateneo de Madrid. En 1884 se licenció, y un año más tarde se doctoró. En 1884 se retiró a Bilbao, y después de suspender en varias ocasiones los exámenes de oposición, sacó la plaza de catedrático de griego en la universidad de Salamanca. En 1891 se casó con

Concepción Lizárraga, con quien tuvo 7 hijos, y se estableció en Salamanca como profesor de griego y filología española de dicha universidad. En 1900 fue nombrado rector de la universidad de Salamanca, puesto que mantuvo hasta 1914. En agosto de este año fue despedido de su puesto de rector, y en 1915 rechazó el nombramiento de decano. En 1920, sin embargo, aceptó el puesto de vicerrector, puesto que mantuvo hasta su enfrentamiento con la dictadura de Primo de Rivera y su deportación a la isla de Fuerteventura –islas Canarias- en febrero de 1924. Después de varios meses en Fuerteventura huyó a París, y en agosto de 1925 se mudó a Hendaya, donde pasó el resto de su exilio. En febrero de 1930, ya caída la dictadura, regresó triunfalmente a España. Una vez en Salamanca, Unamuno reanudó su actividad docente enseñando historia de la lengua española, y en 1931 recibió los nombramientos de rector de la universidad de Salamanca, y posteriormente el de diputado por la ciudad de Salamanca a las Cortes Constituyentes. En septiembre de 1934, pocos meses después de la muerte de su esposa, dejó la docencia, pero siguió de rector de la universidad hasta que la República lo despidió del puesto por su apoyo a Franco. Poco después Franco lo volvió a nombrar rector de la universidad, pero fue despedido del puesto por criticar en 1936 la filosofía de los insurgentes nacionalistas. Confinado en su casa, murió repentinamente el 31 de diciembre de 1936.

ENSAYOS A pesar de la variedad de géneros y temas que cultiva Unamuno, en toda su obra predomina la preocupación espiritual, la lucha interna del propio Unamuno con una fe religiosa que entra en pugna con la razón. Esta lucha interior, o agonía, refleja el conflicto y dilema insolubles del autor y constituye una condición indispensable para su salvación espiritual.

Otro de los temas dominantes de su obra es el de España y sus males. En los cinco ensayos de su obra *En torno al casticismo* (1902), Unamuno hace una revisión crítica de la historia y la literatura españolas. En su análisis de los defectos nacionales, Unamuno critica el falso orgullo nacional y contrasta la aristocracia petrificada con las energías vitales del pueblo, verdadero receptáculo de la fuerza nacional. Al analizar el teatro de Calderón, Unamuno observa que sus héroes expresan los ideales de su tiempo, que son de una sola pieza, que son proyecciones de dogmas establecidos, y que no logran representar verdades sicológicas universales como Lear, Hamlet, u Otello de Shakespeare. Igualmente, observa que el amor es tratado en la literatura española de forma austera, y que el tema de la pasión se halla representado por don Juan o el esposo vengativo. Desde el punto de vista religioso, propone la reconciliación de este mundo con el venidero, y del mundo exterior con el interior. Dos de los conceptos centrales de esta obra son el de *intrahistoria* y el de *tradición eterna*. Con *intrahistoria* Unamuno se refiere a la vida diaria del pueblo llano que transcurre a lo largo de la historia por debajo, o al margen, de los grandes acontecimientos registrados por la historia oficial. De este sustrato histórico surge la *tradición eterna*, representada por las grandes creaciones artísticas del Siglo de Oro español.

En 1905, y con motivo del tercer centenario de la publicación de la primera parte de *Don Quijote*, Unamuno publica *La vida de don Quijote y Sancho*. La obra se propone como una indagación en el alma española, y se trata de una interpretación de la novela de Cervantes tomando a los dos protagonistas, don Quijote y Sancho, como símbolos del espíritu español. Asimismo, Unamuno establece aquí un parangón entre don Quijote y Jesucristo partiendo del espíritu rebelde, de su solidaridad con los marginados y de la inmortalidad alcanzada por ambos.

Otra de sus obras ensayísticas es *Del sentimiento trágico de la vida en los hombres y en los pueblos* (1912), y que se considera la obra que mejor resume las ideas religiosas del autor. Partiendo de comentarios sobre citas procedentes de innumerables autores,

Unamuno llega a conclusiones y deducciones inesperadas, y los conceptos teológicos que formula funden el mundo de las ideas con el de la fantasía. El concepto que tiene sobre Dios cambia constantemente, y las dudas que lo asedian son superadas en todo momento. Unamuno afirma en esta colección de ensayos que el individualismo introspectivo es lo que constituye el sentido trágico de su país, productor no de sistemas abstractos de pensamiento, sino de conquistadores, místicos, líderes de la Contra-Reforma y de don Quijote. Según Unamuno, don Quijote representa la esencia de lo español porque busca eternalizar su individualidad y desafiar las reglas de la sociedad y de la religión católica imponiendo una fe simple y la creencia en un mundo medieval.

La agonía del cristianismo, escrita en París en 1924, se puede considerar como corolario de la anterior, y es producto del fervor espiritual que le produjo la angustia del exilio. La agonía del título, según Martin Nozick, alude a la tensión entre el sentimiento por un Dios que es conocimiento incomunicable y la verdad, que es social y colectiva. Esta tensión no debe cesar, porque agonía significa lucha, y mientras ésta subsista hay vida, se aproxima uno a la verdad, y se posterga la muerte.

Aunque Unamuno no visitó muchos países extranjeros, sí realizó numerosas excursiones por España y Portugal que le sirvieron para recoger sus impresiones turísticas en varias de sus obras: *Paisajes* (1902), *De mi país* (1903), *Por tierras de Portugal y de España* (1911), *Andanza y visiones españolas* (1922), y la obra póstuma *Paisajes del alma* (1944). Los artículos recogidos en estos libros destacan por sus efusiones de amor y simpatía hacia España y Portugal, y por la incorporación de fragmentos de historia, leyendas, anécdotas y cuentos. En los cuadros que nos describe –iglesias, campos, valles, etc.- Unamuno funde las costumbres regionales con digresiones filosóficas, lingüísticas e históricas. Unamuno escribió otros volúmenes de ensayos, *Recuerdos de niñez y mocedad, Contra esto y aquello, Mi religión y otros ensayos*, etc- y numerosos artículos periodísticos, y en todos ellos siguió estudiando la cultura y los problemas sociopolíticos de España.

TEATRO Unamuno tomó de Ibsen la idea que el teatro debería servir para la expresión de ideas, pero su teatro nunca llegó a la altura del escritor noruego. A diferencia de éste, cuyo teatro se caracterizó por la excelente confección de sus argumentos y la caracterización de los personajes, los personajes de Unamuno son unidimensionales y abstractos, y tienden a encarnar las ideas del propio autor. Su primer drama importante es *La esfinge*, escrito poco después de su crisis de 1897. La obra trata de cómo Eufemia, que no tiene hijos, anima a su esposo Ángel a seguir la carrera política. Pero cuando éste decide sustituir la política por la búsqueda de su vida interior, una turba revolucionaria lo mata. El lector puede notar cómo la indecisión y las dudas religiosas de Ángel son las de Unamuno y, por otra parte, el personaje de Eufemia es el anticipo de otras madres protagonistas que no tienen hijos.

La venda (1899). Dos años después publica, la cual trata de una mujer ciega que, después de casarse y de una intervención quirúrgica, recupera la vista. Un día le informan que su padre está a punto de morir, y ella decide ir a verlo, pero para llegar a la casa debe cubrirse los ojos con una venda. Unamuno juega con la antinomia luz/oscuridad para aludir simbólicamente a la oposición entre pérdida de fe (luz) y fe infantil (oscuridad). En *Raquel encadenado* (1921), Unamuno reitera el tema de la obsesión de la mujer ante la falta de hijos. La protagonista es una mujer que culpa a su esposo de su esterilidad. Al final, Raquel abandona a su esposo y se dedica a cuidar al hijo ilegítimo que concibió con su primer amante. Más importante que la obra anterior es *El otro* (1926), en la que Unamuno trata el tema de la personalidad escindida en dos partes antagónicas. La obra trata de dos mellizos, Cosme y Damián, enamorados de la misma mujer, Laura. Ésta se casa con Cosme, y Damián se aleja de ellos. Años después, Laura encuentra a uno de los dos hermanos asesinado por el otro, y el asesino se niega a confirmar si él es el esposo o el cuñado. La obra concluye con el suicidio del asesino sin que nadie sepa quién era de los dos hermanos. La obra, como es obvio, plantea uno de los temas recurrentes en Unamuno, el del enfrentamiento entre Caín y Abel. En 1929 Unamuno publica *El hermano Juan o el mundo es teatro*, en la que recrea el mito del don Juan. A diferencia del don Juan mítico, el don Juan de Unamuno se preocupa por la idea de la muerte, tiene miedo de las mujeres, se hace fraile y no muere nunca porque no es un ser real, sino un mito que vive en la imaginación del pueblo y está destinado a reencarnarse en otros papeles. Unamuno escribió otros dramas, *Soledad* (1921), *Fedra* (1910), etc. y en todos ellos repite los mismos temas que vemos en el resto de su obra: fe versus razón, sueño versus realidad, la esterilidad de la mujer o la vacuidad de los deseos humanos.

POESÍA Contrariamente a los dramas intelectuales de Unamuno, su labor poética es de incuestionable calidad. Su cuantiosa producción poética destaca por un intenso lirismo y por revelar en ella los rasgos de su personalidad y pensamiento. Su primera colección de poemas lleva por título *Poesías* (1907), y en ella el bardo vasco rechaza la poesía modernista de Rubén Darío y la melodiosa de Verlaine, y revela su admiración por Bécquer, Leopardi, Wordsworth, Tennison y Keats. En algunos de los poemas de esta colección, como "Tu mano es mi destino", el poeta rinde tributo a su esposa; y en otros, como "En la basílica de Bilbao", rememora la fe e ideas de su infancia y cómo Bilbao forma parte de su ser. Los poemas de *Rosario de sonetos líricos* (1911) tienen por temas la fe, la denuncia eclesiástica, y la relación espiritual del yo poético con Dios. En el poema "Numancia", por ejemplo, Unamuno revela su oposición a la alianza entre el poder político y la iglesia; y en "La oración del ateo", uno de los poemas más antologados, se hace consciente de la dificultad de llegar a comprender la grandeza de Dios.

Una de las obras maestras de Unamuno, y uno de los poemas religiosos más importantes de la literatura española es *El Cristo de Velázquez*. El poema, que consta de 2.538 versos divididos en cuatro partes y varios capítulos, es un canto a la encarnación, muerte y resurrección de Cristo entonado por el yo poético mientras contempla el cuadro de Velázquez en el que aparece Cristo crucificado. Cristo, figura central del poema, aparece como una deidad humanizada, y a través de él confía el poeta alcanzar su fe y redención. Es un poema cargado de simbolismo y gran riqueza de imágenes plásticas que tiene como fuente primaria de inspiración la *Biblia*.

De su colección de poemas *Andanzas y visiones españolas* (1922) merece mención el poema "En Gredos". En este poema, el yo poético analiza la esencia del espíritu español, contempla desde las montañas de Gredos cómo el corazón de España se eleva a Dios, y él mismo se declara cristiano español. De su colección *Rimas de dentro* (1923) sobresale el poema "Aldebarán", en el que trata algunos de los temas predominantes en la obra unamuniana: Dios, amor, muerte, inmortalidad y lo infinito. El poeta se dirige en esta ocasión a la estrella Aldebarán para interrogarla acerca de algunas preocupaciones metafísicas que le atormentan, pero la falta de respuestas sólo sirve para incrementar su inseguridad. En 1924 publica *Teresa*, consistente de una reflexión sobre el amor y la muerte tomando como punto de partida la relación sentimental de los trágicos amantes Teresa y Rafael. El poema es un canto a la inmortalidad del amor profundo que sienten los dos amantes. En 1925 Unamuno publica una colección de 103 sonetos en los que el poeta virtió todo el dolor y agonía que experimentó como cristiano español. Hay en esta colección una serie de poemas políticos en los que Unamuno hace una despiadada crítica del dictador Primo de Rivera y del rey Alfonso XIII. Los mismos temas políticos, de crítica al rey o de denuncia de aquéllos que se han servido de la religión o de la noción de patriotismo con fines de interés personal, afloran en su colección de treinta y siete poemas titulada *Romancero del destierro* (1928). En 1953 se recopiló y publicó una extensa colección de poemas póstumos que fueron escritos de 1928 a 1936. La obra, titulada *Cancionero*, no tiene un plan predeterminado ni una temática uniforme. Algunos de sus poemas se centran en el exilio o la muerte, en otros alaba a San Juan de la Cruz o canta al niño Jesús, y otros consisten de juegos lingüísticos o caprichos conceptistas sin mayor alcance trascendental. Ángel de Río apunta que lo mejor de la obra unamuniana tiene que ver con la confesión o salmo en la que el poeta aborda tres interrogaciones: sobre el hombre en el mundo (actualidad), el hombre en el tiempo (historia), y el hombre en la eternidad (deseo de inmortalidad).

NARRATIVA Con excepción de *Paz en la guerra* (1897), la producción narrativa de Unamuno supone una ruptura con la corriente realista decimonónica. Unamuno distingue entre dos tipos de novela: ovípara y vivípara. En la primera, que correspondería a la novela realista, el escritor expande la idea inicial con notas, comentarios e investigación pertinentes al tema que trata. En la novela vivípara, por el contrario, el escritor concibe la obra en su mente y la da a luz a través de la escritura. A diferencia de la anterior, en ésta el embrión gestado ya está completamente formado y no admite enmiendas. La escritura vivípara da lugar a la *nivola*, cuya técnica se describe en el capítulo diecisiete de *Niebla* bajo las siguientes características: 1. El escritor no debe tener un plan preconcebido, 2. Las descripciones y escenarios deben ser eliminados del texto, 3. El personaje principal no debe luchar con la realidad exterior –antagonista-, sino con su propia contingencia existencia –agonista, y 4. Debe predominar el diálogo.

Paz en la guerra tiene por transfondo histórico las guerras carlistas de 1874-1876, y el argumento de la misma describe la vida rutinaria de una familia, un cura, sus amigos y algunos hombres de negocios de Bilbao durante este período. La novela concluye con el trágico final de varios de los protagonistas y el fracaso de la causa carlista, y sugiere que la humanidad vive atrapada en un círculo vicioso de paz y guerra. Con *Amor y pedagogía* (1902) Unamuno inicia la fase vivípara. El protagonista de la novela es un tal Avito Carrascal que se halla poseído por el deseo de engendrar un genio. Con tal fin, Avito se casa con una devota mujer y tienen un hijo, Apolodoro, que después de muchas vicisitudes y fracasos termina suicidándose. La novela trata de demostrar que la vida de una persona no puede ser controlada ni por la razón ni por ninguna doctrina ideológica.

El amor y la falta de volición, temas centrales de la novela anterior, reaparecen en una de las novelas más celebradas de Unamuno, *Niebla* (1914), pero a diferencia de aquélla, ésta no tiene ningún fin didáctico. El protagonista de *Niebla*, Augusto Pérez, es el hijo único de una mujer viuda que al morir ésta se ve perdido en la niebla de la vida y es incapaz de tomar decisiones. Augusto conoce y se enamora de una mujer, Eugenia, que, después de que le ha pagado la hipoteca, se fuga con un tal Mauricio. Vistas las circunstancias, Augusto decide suicidarse, pero en el encuentro que tiene con Unamuno, éste le niega tal posibilidad y le asegura que él, su creador, es el que tiene el poder de quitarle la vida. Augusto regresa a casa, come hasta el hartazgo y se muere, y aunque el médico afirma que murió de un ataque al corazón, al lector le queda la duda de la causa de su muerte. *Niebla* es una novela en la que el autor utiliza recursos metafictivos como el del personaje consciente de su carácter metafictivo, la incorporación del autor dentro de su propia creación, y las reflexiones críticas del narrador sobre su concepto de la novela vivípara.

Tres años después, en 1917, Unamuno publica otra de sus mejores obras, *Abel Sánchez*. La novela textualiza el mito de Caín, un mito basado en cómo el pecado de la envidia lleva al enfrentamiento de hermano contra hermano de la misma forma que ha llevado a la lucha fratricida a España durante los siglos XIX y XX. La novela tiene por protagonistas a Joaquín y Abel; aquél minado por la envidia y el odio, mientras que Abel es el hombre exitoso que, además, se gana el corazón de la prima de Joaquín, Helena. Abel se casa con Helena, y tiene un hijo, Abelín, que terminará casándose con Joaquina, la hija de Joaquín. Un día, al ver cómo el nieto de los protagonistas posaba para unos bosquejos que le hacía su abuelo Abel, Joaquín, lleno de envidia, mata a Abel y luego se suicida.

En 1920 Unamuno publica *Tres novelas ejemplares y un prólogo*. En la primera de estas novelas, *Dos madres*, el protagonista es una parodia del mítico Juan que resulta manipulado por su amante Raquel. Ésta, incapaz de tener hijos, manipula a don Juan para que se case con Berta y posteriormente se hace cargo de la educación de la hija de éstos. Don Juan, el protagonista, sin saber qué papel jugar con ambas mujeres, se suicida poco después de dejar embarazada a su esposa. En la segunda novela, *El marqués de Lumbría*, Unamuno vuelve a tratar el tema de la insubordinación del hombre a la mujer. Cuando Tristán, uno de los protagonistas de la novela, se va a casar con Luisa, la hermana de ésta, Carolina, lo seduce y queda embarazada. Tristán decide casarse con Luisa, tienen un hijo, y al morir ésta aquél se casa con Carolina. Al final, Carolina impone su voluntad y consigue que su hijo, concebido ilegítimamente, se quede con el título de marqués. La tercera novela, *La tía Tula*, fue publicada por separado en 1921, y en ella nos presenta Unamuno a una protagonista, Tula, que desea educar, pero no concebir, niños. La historia de la novela gira en torno al matrimonio de Ramiro y Rosa, hermana de Tula. Rosa muere al dar a luz a su tercer hijo, y Tula se convierte en la madre de sus hijos. Tula, entonces, aconseja a Ramiro que se case con la sirvienta, y cuando los dos cónyuges mueren, Tula se convierte en la madre de todos los niños. En el lecho de muerte, Tula se arrepiente de su aversión a los hombres, de su deseo de pureza, y de no haber aceptado las propuestas de matrimonio de Ramiro.

Si los protagonistas masculinos de las novelas anteriores se caracterizaban por su debilidad y subordinación a la mujer, en otras de sus novelas Unamuno representa superhombres que se sirven de las mujeres para fines personales. En *Nada menos que todo un hombre* (1916), Unamuno nos cuenta la historia de un indiano, Alejandro Gómez, que al regresar del nuevo mundo se casa con Julia. La relación matrimonial pasa por varios problemas, pero después de varios incidentes narrativos Alejandro le confiesa a Julia el verdadero amor que siente por ella. La obra concluye con la agonía y muerte de Julia y el suicidio de su esposo al no poder soportar tal pérdida. En *Una historia de amor* (1933), los amantes, Liduvina y Ricardo, viven una relación sentimental monótona que rompen huyendo de sus casas y consagrándose a Dios. Un día, mientras Ricardo da un sermón en el convento de Liduvina, se produce una conexión espiritual entre los dos religiosos al tiempo que comprenden la posibilidad de haber sido felices como amantes. *Un pobre rico o sentimiento cómico de la vida* (1930) trata de un hipocondríaco, Emeterio, que rechaza a su pretendiente, Rosita. Cuando ésta decide casarse con otro hombre, Emeterio se da cuenta de lo que ha perdido; y al quedar viuda Rosita, Emeterio se casa con ella para evitar la soledad. Otra de sus novelas destacadas es *La novela de don Sandalio, jugador de ajedrez* (1930). La novela se centra en una partida de ajedrez entre un hombre que ha huido de la sociedad y se dedica a escribir cartas y un tal don Sandalio. Un día don Sandalio desaparece, y las noticias que le llegan a su compañero de partida sobre su suerte son contradictorias. Es una de las novelas más enimágticas de Unamuno, y una de las interpretaciones más aceptadas es la de que el escritor de las cartas, el destinatario de éstas, y don Sandalio son la misma persona, o más bien, distintas facetas de una misma personalidad. Por otra parte, el juego de ajedrez sería simbólico de la lucha antagónica de las distintas partes del ser en el contexto de la vida.

Durante sus años en París, Unamuno concibió la idea de escribir una novela sobre la soledad del exilio, pero al final cambió el tema por el de cómo escribir una novela. De aquí surgió su novela *Cómo se hace una novela*. La obra trata de un personaje, U. Jugo de la Raza, que lee en una novela recien comprada que al terminar de leerla morirá. El protagonista decide quemar la obra, pero se siente tentado a comprarla y leerla de nuevo. Conseguida una nueva copia del libro, el lector no sabe si el protagonista terminó de leerlo, si murió, o si no lo terminó de leer. El tema o temas de la novela son el de la lectura de la vida de uno mismo, la separación de los niveles de realidad y ficción, su soledad en París, las críticas a Primo de Rivera, y los comentarios a la escritura epistolar del escritor italiano Mazzini.

Unamuno, como otros conocidos novelistas del siglo XIX – Clarín, Alarcón, Pardo Bazán, Blasco Ibáñez, etc.- experimentó con el género corto. Sus cuentos se mueven en el campo de lo fantástico, la parábola y la sátira, y muchos de ellos reiteran ideas o conceptos ya expuestos en sus obras de filosofía u obras de teatro. "Juan Manso", por ejemplo, trata de un hombre que al no hacer ni bien ni mal en la vida no se le permite entrada ni en el cielo, ni en el infierno, ni en el purgatorio; y "En manos de la cocinera" se centra, una vez más, en el hombre enfermo que decide casarse con la sirvienta que lo cuida para huir de la soledad. A mitad de camino entre el cuento y la novela se encuentra *San Manuel Bueno, mártir*, considerada por la crítica como uno de los mejores proyectos narrativos del autor.

SAN MANUEL BUENO, MÁRTIR

San Manuel Bueno, mártir es una novelita escrita en 1930, y publicada en 1931 en la revista *La novela de hoy*. En el prólogo a la misma, Unamuno afirma que esta novela es la más característica de su producción novelesca, filosófica y teológica. La idea le vino tras una visita realizada al lago de Sanabria –Zamora-, en donde existe la leyenda de una aldea, Valverde de

Lucerna, sumergida bajo las aguas del lago. Reza la leyenda que Cristo anegó la aldea en agua porque, disfrazado de mendigo, los aldeanos le negaron limosna. Añade la leyenda que todo aquél que se encuentre en estado de gracia y se acerque a la orilla del lago el día de San Juan puede oír las campanas de la iglesia sumergida. La novela, ejemplo de ficción corta, cuenta la vida de un sacerdote, don Manuel Bueno, parroco de Valverde de Lucerna, que vive entregado a sus feligreses: ayuda a algunos de los habitantes del pueblo en sus faenas agrícolas, encuentra padres para hijos ilegítimos, ayuda a morir en paz a la esposa del payaso, cuida de los enfermos, y son muchos los que viajan a su pueblo en busca de una cura milagrosa. A pesar de la fama de santidad que cobra entre sus feligreses, don Manuel oculta un secreto, una honda preocupación espiritual, que terminará revelando al hermano de Ángela, Lázaro, quien regresa de América cargado de ideas anticlericales y progresistas. Don Manuel le confiesa a Lázaro su falta de fe no en Dios, sino en una vida después de la muerte, y éste opta por seguir la vida de apariencia del cura a fin de mantener viva la creencia del pueblo en una existencia ultraterrena, creencia que, después de todo, da sentido a sus vidas y les hace felices. Durante una de sus celebraciones litúrgicas, don Manuel muere en la iglesia y, acto seguido, fallece también su compañero inseparable, Blasillo. Cuando Ángela se decide a escribir la vida de don Manuel, años más tarde, el obispo de la diócesis ha iniciado ya el proceso de beatificación del cura; pero como Ángela nos revela en sus escritos la falta de creencia de don Manuel en una vida después de la muerte, es posible que su obra complique el proceso de beatificación de éste. Aunque la historia nos la cuenta Ángela, una buena parte de la información que nos transmite la ha recibido de su hermano Lázaro, y el manuscrito que escribe termina en las manos de Unamuno. Ángela es, por tanto, una de las voces narrativas más importantes del texto, pero en el momento de la narración nos confiesa que su memoria enflaquece, y al final toda la verosimilitud del relato queda sumido en la duda al afirmar que no sabe lo que es verdad y lo que es mentira. Además de sus funciones de narradora, Ángela oficia de discípula, madre e hija de don Manuel.

Por otra parte, Don Manuel, de Enmanuel, que significa "Dios con nosotros," guarda algunos paralelismos con Jesucristo: tiene conocimientos de carpintería, cura enfermos como Jesús en Galilea, y comparten similares intereses y preocupaciones. A pesar de la vida devota que lleva, don Manuel es un ser agónico que vive una angustia existencial, angustia acuciada por su deseo de no compartirla con nadie; y su forma de huir de ella es por medio de la vida activa. Otro de los personajes importantes, vinculado al anterior, es Blasillo el bobo, símbolo de la inocencia del niño, de la fe ciega que contrasta con las dudas de don Manuel. Blasillo representa la parte inconsciente de don Manuel, y la muerte simultánea de los dos apunta a cómo estas dos partes, fe ciega y duda, cohabitan de forma inseparable.

Desde el punto de vista temático, la obra nos muestra las preocupaciones espirituales de don Manuel, preocupaciones que son expuestas bien de forma explícita o velada a través de varios símbolos, como el del lago y la montaña. El simbolismo polisémico del lago y la montaña ha dado lugar a numerosas interpretaciones críticas sin que se haya llegado a un consenso. Gayana Jurkevich afirma que la novela en su conjunto reprenta un retorno a la vida inconsciente colectiva de la intrahistoria, simbolizada por los habitantes de la villa sumergida en el lago. De acuerdo a Jurkevich, el lago y la montaña representan la naturaleza ambivalente de don Manuel. El pelo de éste se asemeja a la peña del Buitre, y el color azul de los ojos del cura se compara a las aguas del lago. La superficie de las aguas funciona como un espejo donde se refleja el inconsciente de una persona, y en la narrativa de Unamuno suele haber un deseo de reunirse el yo con el otro reflejado en el espejo de las aguas. Este deseo de unir dos opuestos arrojándose al agua se puede interpretar como un regreso a las aguas amnióticas de la Gran Madre, espacio en el que el ser gozaba de una unidad y plenitud totales antes de su nacimiento.

David G. Turner interpreta el lago y la montaña como símbolos de permanencia y estabilidad. Para Pelayo H. Fernández simbolizan la fe de los aldeanos y lo eterno. Según este crítico, la montaña simboliza la fe del pueblo. La montaña apunta al cielo, y a éste se llega ascendiendo el camino de la fe. Asimismo, la montaña, en cuanto elemento natural, disfruta del don de la eternidad, y el mismo don es compartido por la Historia, la zagala que canta sobre las rocas, la humanidad y el lago. Éste, según Pelayo H. Fernández, también es símbolo de la fe. Por otro lado, las aguas del lago invitan a don Manuel y Lázaro al suicidio, a que se ahoguen en ellas, pero al reflejarse en el espejo de las aguas el cielo, ahogarse en estas aguas significa participar de la eternidad de Dios y del cielo. La villa medieval que yace sumergida en el fondo del lago, y cuyas campanas se oyen en la noche de san Juan, simboliza la eternidad que alcanzan todos aquellos que tienen fe, una fe tradicional. Igualmente, la villa simboliza la fe que ha heredado por tradición Manuel, y, aunque no se dé cuenta de ello, en el fondo de su alma existe la fe. Para Donald L. Shaw, el lago y la montaña son pruebas de la existencia de Dios. El lago refleja los cielos y a través de la montaña se sube a ellos. El lago, asimismo, refleja la fe de la gente, y las campanas que se oyen en el fondo del mismo aluden a la tradición religiosa eterna de España. Ángela transpone el lago a don Manuel para sugerir o indicar que la fe está sumergida en él, aunque para el cura el lago simboliza la nada. Para Ricardo Gullón, el lago representa la nada, y para John V. Falconieri significa las lágrimas de los aldeanos. John Butt apunta que no hay una solución definitiva a los símbolos de la novela porque éstos evocan distintas asociaciones en cada lector y no se les puede asignar un valor fijo. Según Butt, el lago se asocia con la muerte y el olvido. Ambos, don Manuel y Lázaro, contemplan el lago y sienten deseos de ahogarse en él, y los legendarios habitantes de la aldea sumergida encontraron sepultura bajo las aguas del lago. La montaña, por otro lado, se relacionaría con el deseo de los hombres de vivir eternamente.

Otros símbolos, tangencialmente relacionados con el lago y la montaña, son la nieve, la zagala, la clavellina seca y el nogal. Para Pelayo H. Fernández, la nieve que se derrite en el agua es símbolo de la humanidad que termina su vida muriendo. Asimismo, la nieve simboliza el olvido, el paso del tiempo que todo lo borra, y el eterno retorno, ya que aquélla vuelve y desaparece una y otra vez. Para Donald L. Shaw, el viento frío y la nieve representan la duda temporal superficial, tal como Ángela la siente más tarde en su vida, y el río que corre en el lago representa el paso del tiempo, es decir, el agua que va a la mar que es el morir. Butt, por su parte, interpreta la nieve que se deslíe en el lago y cuaja en la montaña como el doble deseo de don Manuel de sobrevivir por un lado, y morir por otro.

La zagala, según Donald L. Shaw, representa la vida intrahistórica de los campesinos. Según este mismo crítico y Pelayo H. Fernández, la clavellina seca que encuentra Lázaro en el breviario, pegada a un papel con una cruz y una fecha, aluden a la pérdida de fe de don Manuel; y el nogal a la fe infantil del sacerdote. En términos similares, ambos críticos observan que don Manuel, de niño y cuando tenía fe, jugaba junto a este nogal, y el querer ser enterrado en esa caja simboliza el anhelo de recuperar esa fe infantil que cree haber perdido en su madurez, o, también, un deseo de volver a la matriz de la madre.

San Manuel Bueno, mártir

Ahora que el obispo de la diócesis de Renada[1], a la que pertenece esta mi querida aldea° de Valverde de Lucerna[2], anda°, a lo que se dice°, promoviendo el proceso para la beatificación de nuestro Don Manuel, o mejor San Manuel Bueno, que fué en ésta párroco°, quiero dejar aquí consignado°, a modo de confesión y sólo Dios sabe, que no yo, con qué destino, todo lo que sé y recuerdo de aquel varón° matriarcal que llenó toda la más entrañada° vida de mi alma, que fué mi verdadero padre espiritual, el padre de mi espíritu, del mío, el de Angela Carballino.

Al otro, a mi padre carnal y temporal, apenas si le conocí, pues se me murió siendo yo muy niña. Sé que había llegado de forastero° a nuestra Valverde de Lucerna, que aquí arraigó° al

---

Aldea: pequeño pueblo
anda: está
A lo que se dice: según se
    rumorea
Párroco: cura

Consignado: escrito
Varón: hombre
Entrañada: íntima
Forastero: de otro lugar
Arraigó: se estableció

---

1 *Renada*. El nombre tiene un doble sentido, por un lado se relaciona con "renacida" y por otro con un enfático "nada de nada". Ambos sentidos aluden a la transformación que experimentan las vidas espirituales de los protagonistas.

2 *Valverde de Lucerna*. Nombre ficticio de una aldea situada al lado del lago de Sanabria en la provincia de Zamora.

casarse aquí con mi madre. Trajo consigo unos cuantos libros, el *Quijote*[3], obras de teatro clásico, algunas novelas, historias, el *Bertoldo*[4], todo revuelto°, y de esos libros, los únicos casi que había en toda la aldea, devoré yo ensueños° siendo niña. Mi buena madre apenas si me contaba hechos o dichos de mi padre. Los de Don Manuel, a quien, como todo el pueblo, adoraba, de quien estaba enamorada —claro que castísimamente—, le habían borrado el recuerdo de los de su marido. A quien encomendaba a Dios, y fervorosamente, cada día al rezar el rosario.

De nuestro Don Manuel me acuerdo como si fuese de cosa de ayer, siendo yo niña, a mis diez años, antes de que me llevaran al Colegio de Religiosas de la ciudad catedralicia° de Renada. Tendría él, nuestro santo, entonces unos treinta y siete años. Era alto, delgado, erguido°, llevaba la cabeza como nuestra Peña del Buitre lleva su cresta°, y había en sus ojos toda la hondura azul de nuestro lago. Se llevaba las miradas de todos y tras ellas, los corazones, y él, al mirarnos, parecía, traspasando la carne como un cristal, mirarnos al corazón. Todos le queríamos, pero sobre todo los niños. ¡Qué cosas nos decía! Eran cosas, no palabras. Empezaba el pueblo a olerle la santidad; se sentía lleno y embriagado° de su aroma.

Revuelto: mezclado	Erguido: erecto
Ensueños: ilusiones, sueños	Cresta: cima
Catedralicia: que tiene catedral	Embriagado: contagiado

---

3 *El Quijote.* Obra inmortal de Miguel de Cervantes (1547-1616), publicada en dos partes (1605, 1615). El antagonismo de dos mundos, realista e idealista, encarnados respectivamente por Sancho y don Quijote, se asemeja al contraste de las vidas espirituales que viven los habitantes del pueblo por un lado, y don Manuel y Lázaro por otro.

4 *El Bertoldo.* Conjunto de tres libros formados por *Bertoldo*, *Bertoldino*- escritos por Giulio Cesare Croce (1550-1609)- y *Cacasenno*, escrito por Adriano Banchieri (1567-1634). La primera edición de las tres obras data de 1620, y en el siglo xviii se convirtió en un poema de 20 cantos escritos por distintos autores. El *Bertoldo* es un elogio de la vida simple del campo.

Entonces fué cuando mi hermano Lázaro, que estaba en América, de donde nos mandaba regularmente dinero con que vivíamos en decorosa holgura°, hizo que mi madre me mandase al Colegio de Religiosas, a que se completara fuera de la aldea mi educación, y esto aunque a él, a Lázaro, no le hiciesen mucha gracia° las monjas. "Pero como ahí —nos escribía— no hay hasta ahora, que yo sepa, colegios laicos y progresivos, y menos para señoritas, hay que atenerse a lo que haya. Lo importante es que Angelita se pula y que no siga entre esas zafias° aldeanas." Y entré en el colegio, pensando en un principio hacerme en él maestra, pero luego se me atragantó° la pedagogía.

En el colegio conocí a niñas de la ciudad e intimé con algunas de ellas. Pero seguía atenta a las cosas y a la gente de nuestra aldea, de la que recibía frecuentes noticias y tal vez alguna visita. Y hasta al colegio llegaba la fama de nuestro párroco, de quien empezaba a hablarse en la ciudad episcopal. Las monjas no hacían sino interrogarme respecto a él.

Desde muy niña alimenté, no sé bien cómo, curiosidades, preocupaciones e inquietudes, debidas, en parte al menos, a aquel revoltijo° de libros de mi padre, y todo ello se me medró° en el colegio, en el trato, sobre todo, con una compañera que se me aficionó desmedidamente y que unas veces me proponía que entrásemos juntas a la vez en un mismo convento, jurándonos, y hasta firmando el juramento con nuestra sangre, hermandad perpetua, y otras veces me hablaba, con los ojos semicerrados, de novios y de aventuras matrimoniales. Por cierto que no he vuelto a saber de ella ni de su suerte. Y eso que cuando se hablaba de nuestro Don Manuel, o cuando mi madre me decía algo de él en sus cartas —y era en casi todas—, que yo leía a mi

---

Decorosa holgura: decentemente, pero sin lujos
No le hiciesen mucha gracia: no simpatizaba

Zafias: incultas, poco educadas
Atragantó: tuve dificultades con
Revoltijo: conjunto, mezcla
Medró: mejoró

amiga, ésta exclamaba como en arrobo°: "¡Qué suerte, chica, la de poder vivir cerca de un santo así, de un santo vivo, de carne y hueso, y poder besarle la mano! Cuando vuelvas a tu pueblo escríbeme mucho, mucho y cuéntame de él".

Pasé en el colegio unos cinco años, que ahora se me pierden como un sueño de madrugada en la lejanía del recuerdo, y a los quince volví a mi Valverde de Lucerna. Ya toda ella era Don Manuel; Don Manuel con el lago y con la montaña. Llegué ansiosa de conocerle, de ponerme bajo su protección, de que él me marcara el sendero° de mi vida.

Decíase que había entrado en el Seminario para hacerse cura, con el fin de atender a los hijos de una su hermana recién viuda, de servirles de padre; que en el Seminario se había distinguido por su agudeza mental y su talento y que había rechazado ofertas de brillante carrera eclesiástica porque él no quería ser sino de su Valverde de Lucerna, de su aldea prendida° como un broche° entre el lago y la montaña que se mira en él.

¡Y cómo quería a los suyos! Su vida era arreglar matrimonios desavenidos°, reducir a sus padres hijos indómitos° o reducir los padres a sus hijos, y, sobre todo, consolar a los amargados y atediados° y ayudar a todos a bien morir.

Me acuerdo, entre otras cosas, de que al volver de la ciudad la desgraciada hija de la tía Rabona, que se había perdido y volvió, soltera y desahuciada°, trayendo un hijito consigo, Don Manuel no paró hasta que hizo que se casase con ella su antiguo novio Perote y reconociese como suya a la criaturita, diciéndole:

—Mira, da padre a este pobre crío que no le tiene más que en el cielo.

Arrobo: encantada, abstraída
Sendero: camino
Prendida: sujeta
Broche: pieza de metal que sirve
   para unir dos partes de un
   vestido

Desavenidos: con problemas
Indómitos: rebeldes
Atediados: sin ánimo
Desahuciada: abandonada,
   rechazada

—¡Pero, Don Manuel, si no es mía la culpa…!

—¡Quién lo sabe, hijo, quién lo sabe…!, y sobre todo, no se trata de culpa.

Y hoy el pobre Perote, inválido, paralítico, tiene como báculo° y consuelo de su vida al hijo aquel que, contagiado por la santidad de Don Manuel, reconoció por suyo no siéndolo. En la noche de San Juan[5], la más breve del año, solían y suelen acudir° a nuestro lago todas las pobres mujerucas, y no pocos hombrecillos, que se creen poseídos, endemoniados, y que parece no son sino histéricos y a las veces epilépticos, y Don Manuel emprendió la tarea de hacer él de lago, de piscina probática[6°], y tratar de aliviarles y si era posible de curarles. Y era tal la acción de su presencia, de sus miradas, y tal sobre todo la dulcísima autoridad de sus palabras y sobre todo de su voz —¡qué milagro de voz!—, que consiguió curaciones sorprendentes. Con lo que creció su fama, que atraía a nuestro lago y a él a todos los enfermos del contorno°. Y alguna vez llegó una madre pidiéndole que hiciese un milagro en su hijo, a lo que contestó sonriendo tristemente:

—No tengo licencia del señor obispo para hacer milagros.

Le preocupaba, sobre todo, que anduviesen todos limpios. Si alguno llevaba un roto en su vestidura, le decía: "Anda a ver al sacristán, y que te remiende° eso". El sacristán era sastre. Y

Báculo: apoyo, ayuda	purificador
Acudir: venir	Contorno: proximidades
Piscina probática: de elemento	Remiende: cosa, arregle

---

5 *Noche de San Juan.* La festividad de San Juan Bautista se celebra el 24 de junio, y en su víspera se realizan bailes y hogueras. En la provincia de Zamora se celebra un festival de agua, y existe la creencia que ciertos manantiales y lagos tienen poderes curativos y espirituales. (Mario J. y María Elena Valdés)

6 *Piscina probática:* referencia a una piscina de Jerusalén, cerca de la puerta Probática, que al remover sus aguas un ángel se curaban los enfermos que se metían en ella. San Juan 5: 1-9.

cuando el día primero de año iban a felicitarle por ser el de su
santo —su santo[7] patrono era el mismo Jesús Nuestro Señor—,
quería Don Manuel que todos se le presentasen con camisa
nueva, y al que no la tenía se la regalaba él mismo.

Por todos mostraba el mismo afecto, y si a algunos distinguía
más con él era a los más desgraciados y a los que aparecían
como más díscolos°. Y como hubiera en el pueblo un pobre
idiota de nacimiento, Blasillo el bobo, a éste es a quien más
acariciaba y hasta llegó a enseñarle cosas que parecía milagro
que las hubiese podido aprender. Y es que el pequeño rescoldo°
de inteligencia que aún quedaba en el bobo se le encendía en
imitar, como un pobre mono, a su Don Manuel.

Su maravilla era la voz, una voz divina que hacía llorar.
Cuando al oficiar en misa mayor o solemne entonaba el
prefacio, estremecíase° la iglesia y todos los que le oían sentíanse
conmovidos en sus entrañas. Su canto, saliendo del templo,
iba a quedarse dormido sobre el lago y al pie de la montaña.
Y cuando en el sermón de Viernes Santo clamaba aquello de:
"¡Dios mío, Dios mío!, ¿por qué me has abandonado?",[8] pasaba
por el pueblo todo un temblor hondo como por sobre las aguas
del lago en días de cierzo de hostigo°. Y era como si oyesen a
Nuestro Señor Jesucristo mismo, como si la voz brotara° de
aquel viejo crucifijo a cuyos pies tantas generaciones de madres
habían depositado sus congojas°. Como que una vez, al oírlo

Díscolos: rebeldes	viento frío
Rescoldo: resto	Brotara: saliera
Estremecíase: se conmovía	Congojas: penas
Cierzo de hostigo: golpe de	

---

7 *Santo.* En la tradición católica muchos llevan el nombre de un santo
   y celebran el día que corresponde a esta festividad. Don Manuel, que
   viene de Enmanuel –"Dios con nosotros"-, celebra su santo el primero
   del año.

8 *"Dios mío, Dios mío…"* Frase de Jesucristo crucificado poco antes de
   morir. San Marcos 15: 34.

su madre, la de Don Manuel, no pudo contenerse, y desde el suelo del templo, en que se sentaba, gritó: "¡Hijo mío!" Y fué un chaparrón° de lágrimas entre todos. Creeríase que el grito maternal había brotado de la boca entre-abierta de aquella Dolorosa —el corazón traspasado por siete espadas— que había en una de las capillas del templo. Luego Blasillo el tonto iba repitiendo en tono patético por las callejas, y como un eco el "¡Dios mío, Dios mío!, ¿por qué me has abandonado?", y de tal manera que al oírselo se les saltaban° a todos las lágrimas, con gran regocijo° del bobo por su triunfo imitativo.

Su acción sobre las gentes era tal, que nadie se atrevía a mentir ante él, y todos, sin tener que ir al confesonario, se le confesaban. A tal punto que como hubiese una vez ocurrido un repugnante crimen en una aldea próxima, el juez, un insensato que conocía mal a Don Manuel, le llamó y le dijo:

—A ver si usted, Don Manuel, consigue que este bandido declare la verdad.

—¿Para que luego pueda castigársele? —replicó el santo varón—. No, señor juez, no; yo no saco a nadie una verdad que le lleve acaso a la muerte. Allá entre él y Dios°... La justicia humana no me concierne. "No juzguéis para no ser juzgados",[9] dijo Nuestro Señor...

—Pero es que yo, señor cura...

—Comprendido; dé usted, señor juez, al César lo que es del César,[10] que yo daré a Dios lo que es de Dios.

Chaparrón: lluvia	Allá entre él y Dios: eso es un
Saltaban: salían	asunto entre Dios y él
Regocijo: alegría	

---

9 *"No juzguéis y no seréis juzgados".* Observación de Jesús en contra del juicio. San Mateo 7: 1.

10 *"Dé usted, señor juez, al César..."*, El comentario de don Manuel es similar a la respuesta que da Jesucristo a los mensajeros enviados por los fariseos cuando le preguntaron si era lícito pagar tributo al César. San Mateo 22: 21.

Y al salir, mirando fijamente al presunto reo°, le dijo:

—Mira bien si Dios te ha perdonado, que es lo único que importa.

En el pueblo todos acudían a misa, aunque sólo fuese por oírle y por verle en el altar, donde parecía trasfigurarse°, encendiéndosele el rostro. Había un santo ejercicio que introdujo en el culto popular y es que, reuniendo en el templo a todo el pueblo, hombres y mujeres, viejos y niños, unas mil personas, recitábamos al unísono, en una sola voz, el Credo[11]: "Creo en Dios Padre Todopoderoso, Creador del Cielo y de la Tierra..." y lo que sigue. Y no era un coro, sino una sola voz, una voz simple y unida, fundidas todas en una y haciendo como una montaña, cuya cumbre, perdida a las veces en nubes, era Don Manuel. Y al llegar a lo de "creo en la resurrección de la carne y la vida perdurable°", la voz de Don Manuel se zambullía°, como en un lago, en la del pueblo todo, y era que él se callaba. Y yo oía las campanadas de la villa que se dice aquí está sumergida en el lecho° del lago —campanadas que se dice también se oyen la noche de San Juan— y eran las de la villa sumergida en el lago espiritual de nuestro pueblo; oía la voz de nuestros muertos que en nosotros resucitaban en la comunión de los santos. Después, al llegar a conocer el secreto de nuestro santo, he comprendido que era como si una caravana en marcha por el desierto, desfallecido° el caudillo° al acercase al término de su carrera, le tomaran en hombros los suyos para meter su cuerpo sin vida en la tierra de promisión.

Presunto reo: persona
   supuestamente culpable
Trasfigurarse: transformarse
Perdurable: eterna
Se zambullía: se sumergía

Lecho: fondo del lago
Desfallecido: desmayado,
   muerto
Caudillo: líder

---

11 *Credo*. Oración del rito católico.

Los más no querían morirse sino cojidos° de su mano como de un ancla.

Jamás en sus sermones se ponía a declamar contra impíos, masones, liberales o herejes. ¿Para qué, si no los había en la aldea? Ni menos contra la mala prensa. En cambio, uno de los más frecuentes temas de sus sermones era contra la mala lengua. Porque éi lo disculpaba todo y a todos disculpaba°. No quería creer en la mala intención de nadie.

—La envidia —gustaba repetir— la mantienen los que se empeñan en° creerse envidiados, y las más de las persecuciones son efecto más de la manía persecutoria que no de la perseguidora.

—Pero fíjese°, Don Manuel, en lo que me ha querido decir...

Y él:

—No debe importarnos tanto lo que uno quiera decir como lo que diga sin querer...

Su vida era activa y no contemplativa, huyendo cuanto podía de no tener nada que hacer. Cuando oía eso de que la ociosidad° es la madre de todos los vicios, contestaba: "Y del peor de todos, que es el pensar ocioso". Y como yo le preguntara una vez qué es lo que con eso quería decir, me contestó: "Pensar ocioso es pensar para no hacer nada o pensar demasiado en lo que se ha hecho y no en lo que hay que hacer. A lo hecho pecho°, y a otra cosa, que no hay peor que remordimiento sin enmienda°". ¡Hacer!, ¡hacer! Bien comprendí yo ya desde entonces que Don Manuel huía de pensar ocioso y a solas, que algún pensamiento le perseguía.

Cojidos: cogidos
Disculpaba: excusaba
Se empeñan en: insisten en
Fíjese: preste atención
Ociosidad: inactividad

A lo hecho pecho: *Refrán*, debemos aceptar las consecuencias de lo que hemos hecho
Sin enmienda: sin rectificación

Así es que estaba siempre ocupado, y no pocas veces en inventar ocupaciones. Escribía muy poco para sí, de tal modo que apenas nos ha dejado escritos o notas; mas, en cambio, hacía de memorialista para los demás, y a las madres, sobre todo, les redactaba las cartas para sus hijos ausentes.

Trabajaba también manualmente, ayudando con sus brazos a ciertas labores del pueblo. En la temporada de trilla° íbase a la era° a trillar y aventar°, y en tanto les aleccionaba o les distraía. Sustituía a las veces a algún enfermo en su tarea. Un día del más crudo invierno se encontró con un niño, muertito de frío, a quien su padre le enviaba a recojer° una res a larga distancia, en el monte.

—Mira —le dijo al niño—, vuélvete a casa, a calentarte, y dile a tu padre que yo voy a hacer el encargo°.

Y al volver con la res se encontró con el padre, todo confuso, que iba a su encuentro. En invierno partía° leña para los pobres. Cuando se secó aquel magnífico nogal —"un nogal matriarcal" le llamaba—, a cuya sombra había jugado de niño y con cuyas nueces se había durante tantos años regalado°, pidió el tronco°, se lo llevó a su casa y después de labrar en él seis tablas, que guardaba al pie de su lecho, hizo del resto leña para calentar a los pobres. Solía hacer también las pelotas para que jugaran los mozos° y no pocos juguetes para los niños.

Solía acompañar al médico en su visita, y recalcaba° las prescripciones de éste. Se interesaba sobre todo en los embarazos

---

En la temporada de trilla: período del verano cuando se realiza el trabajo de separar el grano de las espigas de algunos cereales.
Era: lugar donde se realiza el trabajo de la trilla
Aventar: trabajo consistente en separar, con ayuda del viento,
el grano de la paja
Recojer: recoger
Encargo: diligencia, trabajo
Partía: cortaba
Regalado: comido
Tronco: parte del árbol al que se le han quitado las ramas
Mozos: jóvenes
Recalcaba: ponía énfasis

y en la crianza de los niños, y estimaba como una de las mayores blasfemias aquello de: "¡teta° y gloria!", y lo otro de: "angelitos al cielo". Le conmovía profundamente la muerte de los niños.

—Un niño que nace muerto o que se muere recién nacido y un suicidio —me dijo una vez— son para mí de los más terribles misterios: ¡un niño en cruz!

Y como una vez, por haberse quitado uno la vida le preguntara el padre del suicida, un forastero, si le daría tierra sagrada°, le contestó:

—Seguramente, pues en el último momento, en el segundo de la agonía, se arrepintió sin duda alguna.

Iba también a menudo a la escuela a ayudar al maestro, a enseñar con él, y no sólo el catecismo. Y es que huía de la ociosidad y de la soledad. De tal modo que por estar con el pueblo, y sobre todo con el mocerío y la chiquillería°, solía ir al baile. Y más de una vez se puso en él a tocar el tamboril para que los mozos y las mozas bailasen, y esto, que en otro hubiera parecido grotesca profanación del sacerdocio, en él tomaba un sagrado carácter y como de rito religioso. Sonaba el Angelus[12], dejaba el tamboril y el palillo, se descubría, y todos con él, y rezaba: "El ángel del Señor anunció a María: Ave María..." Y luego:

—Y ahora, a descansar para mañana.

—Lo primero —decía— es que el pueblo esté contento, que estén todos contentos de vivir. El contentamiento de vivir es lo primero de todo. Nadie debe querer morirse hasta que Dios quiera.

Teta: pecho
Si le daría tierra sagrada: si le
   daría cristiana sepultura

Mocerío y la chiquillería: gente
   joven y niños

---

12 *Ángelus*. Oración en la que se conmemora el momento en que un ángel le anuncia a la virgen María que concebiría a Jesucristo.

—Pues yo sí —le dijo una vez una recién viuda—, yo quiero seguir a mi marido...

—¿Y para qué? —le respondió—. Quédate aquí para encomendar su alma a Dios.

En una boda dijo una vez: "¡Ay, si pudiese cambiar el agua[13] toda de nuestro lago en vino, en un vinillo que por mucho que de él se bebiera alegrara sin emborrachar nunca... o por lo menos con una borrachera alegre!"

Una vez pasó por el pueblo una banda de pobres titiriteros°. El jefe de ella, que llegó con la mujer gravemente enferma y embarazada, y con tres hijos que le ayudaban, hacía el payaso. Mientras él estaba, en la plaza del pueblo, haciendo reír a los niños y aun a los grandes, ella, sintiéndose de pronto gravemente indispuesta°, se tuvo que retirar y se retiró escoltada por una mirada de congoja del payaso y una risotada de los niños. Y escoltada por Don Manuel, que luego, en un rincón de la cuadra de la posada°, le ayudó a bien morir. Y cuando, acabada la fiesta, supo el pueblo y supo el payaso la tragedia, fuéronse todos a la posada y el pobre hombre, diciendo con llanto en la voz°: "Bien se dice, señor cura, que es usted todo un santo", se acercó a éste queriendo tomarle la mano para besársela, pero Don Manuel se adelantó y tomándosela al payaso pronunció ante todos:

—El santo eres tú, honrado payaso; te vi trabajar y comprendí que no sólo lo haces para dar pan a tus hijos, sino también para dar alegría a los de los otros, y yo te digo que

---

Banda de pobres titiriteros: un grupo de personas que trabajan en un circo ambulante
Indispuesta: enferma

Cuadra de la posada: establo del lugar donde se están hospedando
Llanto en la voz: llorando

---

13 *"¡Ay si pudiese cambiar..."* Es una referencia al primer milagro de Jesucristo en las bodas de Caná de Galilea, cuando convierte, a instancias de su madre, el agua en vino. San Juan 2:1-11.

tu mujer, la madre de tus hijos, a quien he despedido a Dios mientras trabajabas y alegrabas, descansa en el Señor, y que tú irás a juntarte con ella y a que te paguen riendo los ángeles a los que haces reír en el cielo de contento.

Y todos, niños y grandes, lloraban y lloraban tanto de pena como de un misterioso contento en que la pena se ahogaba. Y más tarde, recordando aquel solemne rato, he comprendido que la alegría imperturbable° de Don Manuel era la forma temporal y terrena de una infinita tristeza que con heroica santidad recataba° a los ojos y los oídos de los demás.

Con aquella su constante actividad, con aquel mezclarse en las tareas y las diversiones de todos, parecía querer huir de sí mismo, querer huir de su soledad. "Le temo a la soledad", repetía. Mas, aun así, de vez en cuando se iba solo, orilla del lago, a las ruinas de aquella vieja abadía donde aún parecen reposar° las almas de los piadosos cistercienses a quienes ha sepultado en el olvido la Historia. Allí está la celda del llamado Padre Capitán, y en sus paredes se dice que aún quedan señales de las gotas de sangre con que las salpicó° al mortificarse°. ¿Qué pensaría allí nuestro Don Manuel? Lo que sí recuerdo es que como una vez, hablando de la abadía, le preguntase yo cómo era que no se le había ocurrido ir al claustro°, me contestó:

—No es sobre todo porque tenga, como tengo, mi hermana viuda y mis sobrinos a quienes sostener, que Dios ayuda a sus pobres, sino porque yo nací para ermitaño[14°], para anacoreta;

Imperturbable: inalterable	Ir al claustro: hacerse monje
Recataba: escondía, ocultaba	y vivir retirado en un
Reposar: descansar	monasterio
Salpicó: manchó	Ermitaño... anacoreta: religiosos
Mortificarse: causarse heridas en	que escogen la vida solitaria y
su propio cuerpo	retirada

---

14 *"Yo nací para ermitaño"*. Hay un error tipográfico, falta la partícula negativa "no".

la soledad me mataría el alma, y en cuanto a un monasterio, mi monasterio es Valverde de Lucerna. Yo no debo vivir solo; yo no debo morir solo. Debo vivir para mi pueblo, morir para mi pueblo. ¿Cómo voy a salvar mi alma si no salvo la de mi pueblo?

—Pero es que ha habido santos ermitaños, solitarios... —le dije.

—Sí, a ellos les dió el Señor la gracia de soledad que a mí me ha negado, y tengo que resignarme. Yo no puedo perder a mi pueblo para ganarme el alma. Así me ha hecho Dios. Yo no podría soportar las tentaciones del desierto. Yo no podría llevar solo la cruz del nacimiento.

He querido con estos recuerdos, de los que vive mi fe, retratar a nuestro Don Manuel tal como era cuando yo, mocita° de cerca de dieciséis años, volví del colegio de religiosas de Renada a nuestro monasterio de Valverde de Lucerna. Y volví a ponerme a los pies de su abad.

—¡Hola, la hija de la Simona —me dijo en cuanto me vió—, y hecha ya toda una moza, y sabiendo francés y bordar y tocar el piano y qué sé yo qué más! Ahora a prepararte para darnos otra familia. Y tu hermano Lázaro, ¿cuándo vuelve? Sigue en el Nuevo Mundo, ¿no es así?

—Sí, señor, sigue en América...

—¡El Nuevo Mundo! Y nosotros en el Viejo. Pues bueno, cuando le escribas, dile de mi parte, de parte del cura, que estoy deseando saber cuándo vuelve del Nuevo Mundo a este Viejo, trayéndonos las novedades de por allá. Y dile que encontrará al lago y a la montaña como les dejó.

Cuando me fuí a confesar con él, mi turbación° era tanta que no acertaba a articular palabra. Recé el "yo pecadora"

Mocita: diminutivo de moza, jovencita

Turbación: perturbación, desconcierto

balbuciendo°, casi sollozando°. Y él, que lo observó, me dijo:
—Pero ¿qué te pasa, corderilla°? ¿De qué o de quién tienes miedo? Porque tú no tiemblas ahora al peso de tus pecados ni por temor de Dios, no; tú tiemblas de mí, ¿no es eso?

Me eché a llorar.

—Pero ¿qué es lo que te han dicho de mí? ¿Qué leyendas son ésas? ¿Acaso tu madre? Vamos, vamos, cálmate y haz cuenta que° estás hablando con tu hermano...

Me animé y empecé a confiarle mis inquietudes, mis dudas, mis tristezas.

—¡Bah, bah, bah! ¿Y dónde has leído eso, marisabidilla°? Todo eso es literatura. No te des° demasiado a ella, ni siquiera a Santa Teresa. Y si quieres distraerte, lee el Bertoldo, que leía tu padre.

Salí de aquella mi primera confesión con el santo hombre profundamente consolada. Y aquel mi temor primero, aquel más que respeto miedo, con que me acerqué a él, trocóse° en una lástima profunda. Era yo entonces una mocita, una niña casi; pero empezaba a ser mujer, sentía en mis entrañas el jugo de la maternidad, y al encontrarme en el confesonario junto al santo varón, sentí como una callada confesión suya en el susurro sumiso de su voz° y recordé cómo cuando, al clamar él en la iglesia las palabras de Jesucristo: "¡Dios mío, Dios mío!, ¿por qué me has abandonado?", su madre, la de Don Manuel, respondió desde el suelo: "¡Hijo mío!", y oí este grito que desgarraba° la quietud del templo. Y volví a confesarme con él para consolarle.

Balbuciendo: hablando con dificultad
Sollozando: llorando
Corderilla: diminutivo de cordera; léase en sentido figurado como "jovencita"
Haz cuenta que: piensa, imagínate que

Marisabidilla: mujer que cree que lo sabe todo
No te des: no te dediques
Trocóse: se transformó en
susurro...voz: sonido bajo y agradable de la voz
Desgarraba: rompía

Una vez que en el confesonario le expuse una de aquellas dudas, me contestó:

—A eso, ya sabes, lo del Catecismo: "eso no me lo preguntéis a mí, que soy ignorante; doctores tiene la Santa Madre Iglesia que os sabrán responder".

—¡Pero si el doctor aquí es usted, Don Manuel...!

—¿Yo, yo doctor?, ¿doctor yo? ¡Ni por pienso°! Yo, doctorcilla, no soy más que un pobre cura de aldea. Y esas preguntas, ¿sabes quién te las insinúa, quién te las dirige? Pues... ¡el Demonio!

Y entonces, envalentonándome°, le espeté a boca de jarro°:

—¿Y si se las dirigiese a usted, Don Manuel?

—¿A quién? ¿A mí? ¿Y el Demonio? No nos conocemos, hija, no nos conocemos.

—¿Y si se las dirigiera?

—No le haría caso. Y basta, ¿eh?, despachemos°, que me están esperando unos enfermos de verdad.

Me retiré, pensando, no sé por qué, que nuestro Don Manuel, tan afamado curandero° de endomoniados, no creía en el Demonio. Y al irme hacia mi casa topé con° Blasillo el bobo, que acaso rondaba° el templo, y al verme, para agasajarme° con sus habilidades, repitió: —¡y de qué modo!— lo de "¡Dios mío, Dios mío!, ¿por qué me has abandonado?" Llegué a casa acongojadísima y me encerré en mi cuarto para llorar, hasta que llegó mi madre.

—Me parece, Angelita, con tantas confesiones, que tú te me vas a ir monja.

¡Ni por pienso!: en absoluto, de
  ninguna manera
Envalentonándome: haciéndome
  la fuerte o valiente
Le espeté a boca de jarro: le dije
  brusca y abiertamente
Despachemos: terminemos esta

conversación
Curandero: que cura
Topé con: me encontré con
Que acaso rondaba: que
  casualmente estaba paseando
  cerca del templo
Agasajarme: hacerme sentir bien

—No lo tema, madre —le contesté—, pues tengo harto que° hacer aquí, en el pueblo, que es mi convento.

—Hasta que te cases.

—No pienso en ello —le repliqué.

Y otra vez que me encontré con Don Manuel, le pregunté, mirándole derechamente a los ojos:

—¿Es que hay Infierno, Don Manuel?

Y él, sin inmutarse°:

—¿Para ti, hija? No.

—¿Y para los otros, le hay?

—¿Y a ti qué te importa, si no has de ir a él?

—Me importa por los otros. ¿Le hay?

—Cree en el cielo, en el cielo que vemos. Míralo —y me lo mostraba sobre la montaña y abajo, reflejado en el lago.

—Pero hay que creer en el Infierno, como en el cielo —le repliqué.

—Sí, hay que creer todo lo que cree y enseña a creer la Santa Madre Iglesia Católica, Apostólica, Romana. ¡Y basta!

Leí no sé qué honda tristeza en sus ojos, azules como las aguas del lago.

Aquellos años pasaron como un sueño. La imagen de Don Manuel iba creciendo en mí sin que yo de ello me diese cuenta, pues era un varón tan cotidiano, tan de cada día como el pan que a diario pedimos en el padrenuestro. Yo le ayudaba cuando podía en sus menesteres°, visitaba a sus enfermos, a nuestros enfermos, a las niñas de la escuela, arreglaba el ropero de la iglesia, le hacía, como me llamaba él, de diaconisa°. Fuí unos días invitada por una compañera de colegio a la ciudad, y tuve que volverme, pues en la ciudad me ahogaba, me faltaba algo,

---

Tengo harto que: tengo mucho que
Sin inmutarse: sin alterarse, sin cambiar su aspecto
Menesteres: ocupaciones, trabajos
Diaconisa: diácono es el que tiene un cargo inferior al sacerdote

sentía sed de la vista de las aguas del lago, hambre de la vista de
las peñas de la montaña; sentía, sobre todo, la falta de mi Don
Manuel y como si su ausencia me llamara, como si corriese
un peligro lejos de mí, como si me necesitara. Empezaba yo a
sentir una especie de afecto maternal hacia mi padre espiritual;
quería aliviarle del peso de su cruz del nacimiento.

Así fuí llegando a mis veinticuatro años, que es cuando volvió
de América, con un caudalillo° ahorrado, mi hermano Lázaro.
Llegó acá, a Valverde de Lucerna, con el propósito de llevarnos a
mí y a nuestra madre a vivir a la ciudad, acaso a Madrid.

—En la aldea —decía— se entontece, se embrutece° y se
empobrece uno.

Y añadía:

—Civilización es lo contrario de ruralización; ¡aldeanerías°,
no!, que no hice que fueras al colegio para que te pudras luego
aquí, entre estos zafios patanes.

Yo callaba, aun dispuesta a resistir la emigración; pero
nuestra madre, que pasaba ya de la sesentena°, se opuso desde
un principio. "¡A mi edad, cambiar de aguas°!", dijo primero;
mas luego dió a conocer claramente que ella no podría vivir
fuera de la vista de su lago, de su montaña y sobre todo de su
Don Manuel.

—¡Sois como las gatas, que os apegáis° a la casa! —repetía
mi hermano.

Cuando se percató° de todo el imperio que sobre el pueblo
todo y en especial sobre nosotros, sobre mi madre y sobre
mí, ejercía el santo varón evangélico, se irritó contra éste. Le

---

Caudalillo: pequeña cantidad de
  dinero
Se entontece… empobrece: se
  vuelve uno tonto, bruto y
  pobre.
Aldeanerías: cosas de pueblo

Sesentena: más de sesenta años
¡cambiar de aguas!: cambiar de
  lugar, mudarme
Apegáis: tomáis afecto
Percató: se dio cuenta

pareció un ejemplo de la oscura teocracia en que él suponía hundida a España. Y empezó a barbotar° sin descanso todos los viejos lugares comunes° anticlericales y hasta antirreligiosos y progresistas que había traído renovados del Nuevo Mundo.

—En esta España de calzonazos° —decía— los curas manejan° a las mujeres y las mujeres a los hombres... ¡y luego el campo!, ¡el campo!, este campo feudal...

Para él feudal era un término pavoroso°: feudal y medieval eran los dos calificativos que prodigaba cuando quería condenar algo.

Le desconcertaba el ningún efecto que sobre nosotras hacían sus diatribas° y el casi ningún efecto que hacían en el pueblo, donde se le oía con respetuosa indiferencia. "A estos patanes° no hay quien les conmueva". Pero como era bueno por ser inteligente, pronto se dió cuenta de la clase de imperio que Don Manuel ejercía sobre el pueblo, pronto se enteró de la obra del cura de su aldea.

—¡No, no es como los otros —decía—, es un santo!

—¿Pero tú sabes cómo son los otros curas? —le decía yo, y él:

—Me lo figuro.

Mas aun así ni entraba en la iglesia ni dejaba de hacer alarde° en todas partes de su incredulidad, aunque procurando siempre dejar a salvo° a Don Manuel. Y ya en el pueblo se fué formando, no sé cómo, una expectativa, la de una especie de duelo entre mi hermano Lázaro y Don Manuel, o más bien

---

Barbotar: decir algo con enfado y con poca claridad	Pavoroso: que produce terror
Lugares comunes: tópicos	Diatribas: ataques verbales
Calzonazos: personas que se dejan dominar por otras, como los hombres por las mujeres	Patanes: gente ignorante
Manejan: controlan	Hacer alarde: mostrar, hacer ostentación
	Dejar a salvo: proteger, no atacar a

se esperaba la conversión de aquél por éste. Nadie dudaba de que al cabo° el párroco° le llevaría a su parroquia. Lázaro, por su parte, ardía en deseos —me lo dijo luego— de oír a Don Manuel, de verle y oírle en la iglesia, de acercarse a él y con él conversar, de conocer el secreto de aquel su imperio espiritual sobre las almas. Y se hacía rogar para ello hasta que al fin, por curiosidad —decía—, fué a oírle

—Sí, esto es otra cosa —me dijo luego de haberle oído—; no es como los otros, pero a mí no me la da°; es demasiado inteligente para creer todo lo que tiene que enseñar.

—¿Pero es que le crees un hipócrita? —le dije.

—¡Hipócrita… no!, pero es el oficio del que tiene que vivir.

En cuanto a mí, mi hermano se empeñaba en que yo leyese de libros que él trajo y de otros que me incitaba° a comprar.

—Conque, ¿tu hermano Lázaro —me decía Don Manuel— se empeña en que leas? Pues lee, hija mía, lee y dale así gusto. Sé que no has de leer sino cosa buena; lee aunque sea novelas. No son mejores las historias que llaman verdaderas. Vale más° que leas que no el que te alimentes de chismes y comadrerías° del pueblo. Pero lee sobre todo libros de piedad que te den contento de vivir, un contento apacible y silencioso.

¿Le tenía él?

Por entonces enfermó de muerte y se nos murió nuestra madre, y en sus últimos días todo su hipo° era que Don Manuel convirtiese a Lázaro, a quien esperaba volver a ver un día en el cielo, en un rincón de las estrellas desde donde se viese el lago y la montaña de Valverde de Lucerna. Ella se iba ya, a ver a Dios.

—Usted no se va —le decía Don Manuel—, usted se

Al cabo: después de un tiempo
Párroco: cura
A mí no me la da: a mí no me
  engaña
Incitaba: animaba
Vale más: es mejor

Chismes y comadrerías:
comentarios y rumores que
se hacen para difamar a los
demás
Hipo: deseo, manía

queda. Su cuerpo aquí, en esta tierra, y su alma también aquí, en esta casa, viendo y oyendo a sus hijos, aunque éstos ni le vean ni le oigan.

—Pero yo, padre —dijo—, voy a ver a Dios.

—Dios, hija mía, está aquí como en todas partes, y le verá usted desde aquí, desde aquí. Y a todos nosotros en El, y a El en nosotros.

—Dios se lo pague —le dije.

—El contento con que tu madre se muera —me dijo— será su eterna vida.

Y volviéndose a mi hermano Lázaro:

—Su cielo es seguir viéndote, y ahora es cuando hay que salvarla. Dile que rezarás por ella.

—Pero...

—¿Pero...? Dile que rezarás por ella, a quien debes la vida, y sé que una vez que se lo prometas rezarás y sé que luego que reces...

Mi hermano, acercándose, arrasados° sus ojos en lágrimas, a nuestra madre agonizante, le prometió solemnemente rezar por ella.

—Y yo en el cielo por ti, por vosotros —respondió mi madre, y besaré el crucifijo y puestos sus ojos en los de Don Manuel, entregó su alma a Dios.

—"¡En tus manos encomiendo mi espíritu!" [15] —rezó el santo varón.

Quedamos mi hermano y yo solos en la casa. Lo que pasó en la muerte de nuestra madre puso a Lázaro en relación con Don Manuel, que pareció descuidar algo a sus demás pacientes, a sus

---

Arrasados: llenos

---

15 *"En tus manos encomiendo mi espíritu"*. Jesucristo, antes de expirar, pronunció las mismas palabras, "Padre, en tus manos entrego mi espíritu". San Lucas 23:46.

demás menesterosos°, para atender a mi hermano. Ibanse por las tardes de paseo, orilla del lago, o hacia las ruinas, vestidas de hiedra°, de la vieja abadía de cistercienses.[16]

—Es un hombre maravilloso —me decía Lázaro—. Ya sabes que dicen que en el fondo de este lago hay una villa sumergida y que en la noche de San Juan, a las doce, se oyen las campanadas° de su iglesia.

—Sí —le contestaba yo—, una villa feudal y medieval...

—Y creo —añadía él— que en el fondo del alma de nuestro Don Manuel hay también sumergida, ahogada, una villa y que alguna vez se oyen sus campanadas.

—Sí —le dije—, esa villa sumergida en el alma de Don Manuel, ¿y por qué no también en la tuya?, es el cementerio de las almas de nuestros abuelos, los de esta nuestra Valverde de Lucerna... ¡feudal y medieval!

Acabó mi hermano por ir a misa siempre, a oír a Don Manuel, y cuando se dijo que cumpliría con la parroquia, que comulgaría cuando los demás comulgasen, recorrió un íntimo regocijo al pueblo todo, que creyó haberle recobrado. Pero fué un regocijo tal, tan limpio, que Lázaro no se sintió ni vencido ni disminuído.

Y llegó el día de su comunión, ante el pueblo todo, con el pueblo todo. Cuando llegó la vez a mi hermano pude ver que Don Manuel, tan blanco como la nieve de enero en la montaña y temblando como tiembla el lago cuando le hostiga el cierzo°,

---

Menesterosos: necesitados, pobres	Campanada: sonido de las campanas
Hiedra: planta trepadora que cubre las paredes exteriores	Le hostiga el cierzo: le golpea el viento frío del norte

---

16 *Cistercienses.* La orden del Cister fue fundada en 1098 por el duque Eudes de Borgoña y San Roberto. Vestían túnica blanca y capucha negra. Hoy día existen ruinas de un monasterio cisterciense en las orillas del lago de Sanabria.

se le acercó con la sagrada forma en la mano, y de tal modo le temblaba ésta al arrimarla° a la boca de Lázaro, que se le cayó la forma a tiempo que le daba un vahido°. Y fué mi hermano mismo quien recogió la hostia y se la llevó a la boca. Y el pueblo al ver llorar a Don Manuel, lloró diciéndose: "¡Cómo le quiere!" Y entonces, pues era la madrugada, cantó un gallo.[17]

Al volver a casa y encerrarme en ella con mi hermano, le eché los brazos al cuello y, besándole, le dije:

—Ay, Lázaro, Lázaro, qué alegría nos has dado a todos, a todos, a todo el pueblo, a todo, a los vivos y a los muertos, y sobre todo a mamá, a nuestra madre. ¿Viste? El pobre Don Manuel lloraba de alegría. ¡Qué alegría nos has dado a todos!

—Por eso lo he hecho —me contestó.

—¿Por eso? ¿Por darnos alegría? Lo habrás hecho ante todo por ti mismo, por conversión.

Y entonces Lázaro, mi hermano, tan pálido y tan tembloroso como Don Manuel cuando le dió la comunión, me hizo sentarme, en el sillón mismo donde solía sentarse nuestra madre, tomó huelgo°, y luego, como en íntima confesión doméstica y familiar, me dijo:

—Mira, Angelita, ha llegado la hora de decirte la verdad, toda la verdad, y te la voy a decir, porque debo decírtela, porque a ti no puedo, no debo callártela y porque además habrías de adivinarla y a medias, que es lo peor, más tarde o más temprano.

Y entonces, serena y tranquilamente, a media voz, me

Arrimarla: acercarla
Vahido: vahído, pérdida del
    conocimiento, desmayo

Tomó huelgo: tomó aliento,
    respiró profundamente

---

17 *"Cantó un gallo".* Referencia a cuando Jesucristo le dijo a San Pedro que antes de que cantara el gallo negaría conocerlo. Cuando la predicción se hizo cierta, San Pedro lloró amargamente. San Mateo 26: 34-35, y 74-75.

contó una historia que me sumergió en un lago de tristeza. Cómo Don Manuel le había venido trabajando°, sobre todo en aquellos paseos a las ruinas de la vieja abadía cisterciense, para que no escandalizase, para que diese buen ejemplo, para que se incorporase a la vida religiosa del pueblo, para que fingiese creer si no creía, para que ocultase sus ideas al respecto, más sin intentar siquiera catequizarle°, convertirle de otra manera.

—¿Pero es eso posible? —exclamé, consternada°.

—¡Y tan posible, hermana, y tan posible! Y cuando yo le decía: "¿Pero es usted, usted, el sacerdote el que me aconseja que finja?", él, balbuciente: "¿Fingir?, ¡fingir no!, ¡eso no es fingir! Toma agua bendita, que dijo alguien, y acabarás creyendo". Y como yo, mirándole a los ojos, le dijese: "¿Y usted celebrando misa ha acabado por creer?, él bajó la mirada al lago y se le llenaron los ojos de lágrimas. Y así es cómo le arranqué° su secreto.

—¡Lázaro! —gemí.°

Y en aquel momento pasó por la calle Blasillo el bobo, clamando su: "¡Dios mío, Dios mío!, ¿por qué me has abandonado?" Y Lázaro se estremeció° creyendo oír la voz de Don Manuel, acaso la de Nuestro Señor Jesucristo.

—Entonces —prosiguió mi hermano—comprendí sus móviles y con esto comprendí su santidad; porque es un santo, hermana, todo un santo. No trataba al emprender ganarme para su santa causa —porque es una causa santa, santísima—, arrogarse° un triunfo, sino que lo hacía por la paz, por la felicidad, por la ilusión si quieres, de los que le están

---

Le había venido trabajando: le
  había estado convenciendo
Catequizarle: enseñarle el
  catequicismo
Consternada: preocupada,
  disgustada

Arranqué: saqué
Gemí: exclamé con dolor
Se estremeció: se asustó, se
  conmovió
Arrogarse: atribuirse, adjudicarse

encomendados°; comprendí que si les engaña así —si es que esto es engaño— no es por medrar°. Me rendí° a sus razones, y he aquí° mi conversión. Y no me olvidaré jamás del día en que diciéndole yo: "Pero, Don Manuel, la verdad, la verdad ante todo", él, temblando, me susurró al oído —y eso que estábamos solos en medio del campo—: "¿La verdad? La verdad, Lázaro, es acaso algo terrible, algo intolerable, algo mortal; la gente sencilla° no podría vivir con ella". ¿Y por qué me la deja entrever° ahora aquí, como en confesión?", le dije. Y él: "Porque si no, me atormentaría tanto, tanto, que acabaría gritándola en medio de la plaza, y eso jamás, jamás, jamás. Yo estoy para hacer vivir a las almas de mis feligreses°, para hacerles felices, para hacerles que se sueñen inmortales y no para matarles. Lo que aquí hace falta es que vivan sanamente, que vivan en unanimidad de sentido, y con la verdad, con mi verdad, no vivirían. Que vivan. Y esto hace la Iglesia, hacerles vivir. ¿Religión verdadera? Todas las religiones son verdaderas, en cuanto hacen vivir espiritualmente a los pueblos que las profesan, en cuanto les consuelan de haber tenido que nacer para morir, y para cada pueblo la religión más verdadera es la suya, la que le ha hecho. ¿Y la mía? La mía es consolarme en consolar a los demás, aunque el consuelo que les doy no sea el mío." Jamás olvidaré estas sus palabras.

—¡Pero esa comunión tuya ha sido un sacrilegio! —me atreví a insinuar, arrepintiéndome al punto de haberlo insinuado.

—¿Sacrilegio? ¿Y él que me la dió? ¿Y sus misas?

—¡Qué martirio! —exclamé.

—Y ahora —añadió mi hermano— hay otro más para consolar al pueblo.

—¿Para engañarle? —dije.

Encomendados: bajo su cuidado	Sencilla: simple
Medrar: mejorar	Entrever: insinuar, sugerir
Me rendí: me sometí, acepté	Feligreses: miembros de una
He aquí: así fue como ocurrió	iglesia

—Para engañarle, no —me replicó—, sino para corroborarle en su fe.

—Y él, el pueblo —dije—, ¿cree de veras?

—¡Qué sé yo...! Cree sin querer, por hábito, por tradición. Y lo que hace falta es no despertarle. Y que viva en su pobreza de sentimientos para que no adquiera torturas de lujo. ¡Bienaventurados los pobres de espíritu! [18]

—Eso, hermano, lo has aprendido de Don Manuel. Y ahora, dime, ¿has cumplido aquello que le prometiste a nuestra madre cuando ella se nos iba a morir, aquello de que rezarías por ella?

—¡Pues no° se lo había de cumplir! Pero, ¿por quién me has tomado, hermana? ¿Me crees capaz de faltar a mi palabra, a una promesa solemne, y a una promesa hecha, y en el lecho de muerte, a una madre?

—¡Qué sé yo...! Pudiste querer engañarla pra que muriese consolada.

—Es que si yo no hubiese cumplido la promesa viviría sin consuelo.

—¿Entonces?

—Cumplí la promesa y no he dejado de rezar ni un solo día por ella.

—¿Sólo por ella?

—Pues, ¿por quién más?

—¡Por ti mismo! Y de ahora en adelante°, por Don Manuel.

Nos separamos para irnos cada uno a su cuarto°, yo a llorar

Pues no: cómo no   Cuarto: habitación
De ahora en adelante: desde hoy

---

18 *"¡Bienaventurados los pobres de espíritu!"*. En la primera de las bienaventuranzas Jesucristo, desde lo alto de un monte, predicó: "Bienaventurados los pobres de espíritu, porque de ellos es el reino de los cielos." San Mateo 5:3.

toda la noche, a pedir por la conversión de mi hermano y de Don Manuel, y él, Lázaro, no sé bien a qué.

Después de aquel día temblaba yo de encontrarme a solas con Don Manuel, a quien seguía asistiendo en sus piadosos menesteres. Y él pareció percatarse° de mi estado íntimo y adivinar su causa. Y cuando al fin me acerqué a él en el tribunal de la penitencia—¿quién era el juez y quién el reo?—, los dos, él y yo, doblamos° en silencio la cabeza y nos pusimos a llorar. Y fué él, Don Manuel, quien rompió el tremendo silencio para decirme con voz que parecía salir de una huesa°:

—Pero tú, Angelina, tú crees como a los diez años, ¿no es así? ¿Tú crees?

—Sí creo, padre.

—Pues sigue creyendo. Y si se te ocurren dudas, cállatelas a ti misma. Hay que vivir.

Me atreví, y toda temblorosa le dije:

—Pero usted, padre, ¿cree usted?

Vaciló un momento y reponiéndose° me dijo:

—¡Creo!

—¿Pero en qué, padre, en qué? ¿Cree usted en la otra vida?, ¿cree usted que al morir no nos morimos del todo?, ¿cree que volveremos a vernos, a querernos en otro mundo venidero?, ¿cree en la otra vida?

El pobre santo sollozaba.

—¡Mira, hija, dejemos eso!

Y ahora, al escribir esta memoria, me digo: ¿Por qué no me engañó?, ¿por qué no me engañó entonces como engañaba a los demás? ¿Por qué se acongojó°?, ¿porque no podía engañarse a sí mismo, o porque no podía engañarme? Y quiero creer que se

---

Percatarse: darse cuenta
Doblamos: bajamos
Huesa: sepultura, hoyo en la
  tierra

Reponiéndose: recobrando
  fuerza o el ánimo
Se acongojó: se apenó, se
  angustió

acongojaba porque no podía engañarse para engañarme.

—Y ahora —añadió—, reza por mí, por tu hermano, por ti misma, por todos. Hay que vivir. Y hay que dar vida.

Y después de una pausa:

—¿Y por qué no te casas, Angelina?

—Ya sabe usted, padre mío, por qué.

—Pero no, no; tienes que casarte. Entre Lázaro y yo te buscaremos un novio. Porque a ti te conviene casarte para que se te curen esas preocupaciones.

—¿Preocupaciones, Don Manuel?

—Yo sé bien lo que me digo. Y no te acongojes demasiado por los demás, que harto° tiene cada cual con tener que responder de sí mismo.

—¡Y que sea usted°, don Manuel, el que me diga eso!, ¡que sea usted el que me aconseje que me case para responder de mí y no acuitarme° por los demás!, ¡que sea usted!

—Tienes razón, Angelina, no sé ya lo que me digo; no sé ya lo que me digo desde que estoy confesándome contigo. Y sí, sí, hay que vivir, hay que vivir.

Y cuando yo iba a levantarme para salir del templo, me dijo:

—Y ahora, Angelina, en nombre del pueblo, ¿me absuelves?

Me sentí como penetrada de un misterioso sacerdocio y le dije:

—En nombre de Dios Padre, Hijo y Espíritu Santo, le absuelve, padre.

Y salimos de la iglesia, y al salir se me estremecían las entrañas maternales.

Mi hermano, puesto° ya del todo al servicio de la obra de

Harto: suficiente, bastante   Acuitarme: apenarme,
Y que sea usted: no puedo creer   entristecerme
    que sea usted   Puesto: dedicado

Don Manuel, era su más asiduo colaborador y compañero. Les anudaba°, además, el común secreto. Le acompañaba en sus visitas a los enfermos, a las escuelas, y ponía su dinero a disposición del santo varón. Y poco faltó para que no aprendiera a ayudarle a misa. E iba entrando cada vez más en el alma insondable° de Don Manuel.

—¡Qué hombre! —me decía—. Mira, ayer, paseando a orillas del lago, me dijo: "He aquí mi tentación mayor". Y como yo le interrogase con la mirada, añadió: "Mi pobre padre, que murió de cerca de noventa años, se pasó la vida, según me lo confesó él mismo, torturado por la tentación del suicidio, que le venía no recordaba desde cuándo, de nación, decía, y defendiéndose de ella. Y esa defensa fué su vida. Para no sucumbir a tal tentación extremaba° los cuidados por conservar la vida. Me contó escenas terribles. Me parecía como una locura. Y yo la he heredado. ¡Y cómo me llama esa agua que con su aparente quietud —la corriente va por dentro— espeja° al cielo! ¡Mi vida, Lázaro, es una especie de suicidio continuo, un combate contra el suicidio, que es igual; pero que vivan ellos, que vivan los nuestros!" Y luego añadió: "Aquí se remansa° el río en lago, para luego, bajando a la meseta, precipitarse en cascadas, saltos y torrenteras° por las hoces y encañadas°, junto a la ciudad, y así se remansa la vida, aquí, en la aldea. Pero la tentación del suicidio es mayor aquí, junto al remanso que espeja de noche las estrellas, que no junto a las cascadas que dan miedo. Mira, Lázaro, he asistido a bien morir a pobres aldeanos, ignorantes, analfabetos, que apenas si habían salido de la aldea, y he podido saber de sus labios, y

---

Anudaba: unía
Insondable: impenetrable
Extremaba: intensificaba
Espeja: refleja
Se remansa: se hace más lenta la

corrienta del agua
Torrenteras: corriente rápida de agua
Hoces y encañadas : pasos estrechos entre montañas

cuando no adivinarlo, la verdadera causa de su enfermedad de muerte, y he podido mirar, allí, a la cabecera de su lecho de muerte, toda la negrura de la sima° del tedio de vivir. ¡Mil veces peor que el hambre! Sigamos, pues, Lázaro, suicidándonos en nuestra obra y en nuestro pueblo, y que sueñe éste su vida como el lago sueña el cielo."

—Otra vez —me decía también mi hermano—, cuando volvíamos acá, vimos a una zagala°, una cabrera, que enhiesta° sobre un picacho° de la falda de la montaña°, a la vista del lago, estaba cantando con una voz más fresca que las aguas de éste. Don Manuel me detuvo, y señalándomela, dijo: "Mira, parece como si se hubiera acabado el tiempo, como si esa zagala hubiese estado ahí siempre, y como está, y cantando como está, y como si hubiera le seguir estando así siempre, como estuvo cuando no empezó mi conciencia, como estará cuando se me acabe. Esa zagala forma parte, con las rocas, las nubes, los árboles, las aguas, de la naturaleza y no de la historia". ¡Cómo siente, cómo anima Don Manuel a la naturaleza! Nunca olvidaré el día de la nevada° en que me dijo: "¿Has visto, Lázaro, misterio mayor que el de la nieve cayendo en el lago y muriendo en él mientras cubre con su toca° a la montaña?"

Don Manuel tenía que contener a mi hermano en su celo° y en su inexperiencia de neófito. Y como supiese que éste andaba predicando contra ciertas supersticiones populares, hubo de decirle:

Sima: cavidad o grieta muy
    profunda en el terreno
Una zagala, una cabrera: chica
    joven dedicada al cuidado de
    las cabras
Enhiesta: erguida, levantada
Picacho: cima o altura
    pronunciada de una montaña
De la falda de la montaña:

vertiente o ladera de la
    montaña
Nevada: caída de nieve
Toca: prenda que usan las
    mujeres para cubrirse la
    cabeza
Celo: exceso de interés a la hora
    de hacer un trabajo

—¡Déjalos! ¡Es tan difícil hacerles comprender dónde acaba la creencia ortodoxa y dónde empieza la superstición! Y más para nosotros. Déjalos, pues, mientras se consuelen. Vale más que lo crean todo, aun cosas contradictorias entre sí, a no que no crean nada. Eso de que el que cree demasiado acaba por no creer nada, es cosa de protestantes. No protestemos. La protesta mata el contento.

Una noche de plenilunio° —me contaba también mi hermano— volvían a la aldea por la orilla del lago, a cuyo sobrehaz° rizaba° entonces la brisa montañesa y en el rizo cabrilleaban° las razas de la luna llena, y Don Manuel le dijo a Lázaro:

—¡Mira, el agua está rezando la letanía y ahora dice: ianua caeli, ora pro nobis, "puerta del cielo, ruega por nosotros"!

Y cayeron temblando de sus pestañas a la yerba del suelo dos huideras° lágrimas en que también, como en rocío, se bañó temblorosa la lumbre de la luna llena.

E. iba corriendo el tiempo y observábamos mi hermano y yo que las fuerzas de Don Manuel empezaban a decaer°, que ya no lograba contener del todo la insondable tristeza que le consumía, que acaso una enfermedad traidora le iba minando el cuerpo y el alma. Y Lázaro, acaso para distraerle más, le propuso si no estaría bien que fundasen en la iglesia algo así como un sindicato católico agrario.

—¿Sindicato? —respondió tristemente Don Manuel—. ¿Sindicato? ¿Y qué es eso? Yo no conozco más sindicato que la Iglesia, y ya sabes aquello de "mi reino no es de este mundo".[19]

Plenilunio: luna llena
Sobrehaz: superficie
Rizaba: la brisa formaba
    pequeñas olas en el agua

Cabrilleaban: se reflejaban
Huideras: fugitivas
Decaer: disminuir

---

19 *"Mi reino no es de este mundo"*. Respuesta de Jesucristo a Pilato cuando éste le preguntó si era rey de los judíos. San Juan 18: 36.

Nuestro reino, Lázaro, no es de este mundo...

—¿Y del otro?

Don Manuel bajó la cabeza:

—El otro, Lázaro, está aquí también, porque hay dos reinos en este mundo. O mejor, el otro mundo... vamos, que no sé lo que me digo. Y en cuanto a eso del sindicato es en ti un resabio° de tu época de progresismo. No, Lázaro, no; la religión no es para resolver los conflictos económicos o políticos de este mundo que Dios entregó a las disputas de los hombres. Piensen los hombres y obren los hombres como pensaren y como obraren, que se consuelen de haber nacido, que vivan lo más contentos que puedan en la ilusión de que todo esto tiene una finalidad. Yo no he venido a someter los pobres a los ricos, ni a predicar a éstos que se sometan a aquéllos. Resignación y caridad en todos y para todos. Porque también el rico tiene que resignarse a su riqueza, y a la vida, y también el pobre tiene que tener caridad para con el rico. ¿Cuestión social? Deja eso, eso no nos concierne. Que traen una nueva sociedad, en que no haya ya ricos ni pobres, en que esté justamente repartida° la riqueza, en que todo sea de todos, ¿y qué? ¿Y no crees que del bienestar general surgirá más fuerte el tedio a la vida? Sí, ya sé que uno de esos caudillos de la que llaman la revolución social ha dicho que la religión es el opio del pueblo.[20] Opio... Opio... Opio, sí. Démosle opio, y que duerma y que sueñe. Yo mismo con esta mi loca actividad me estoy administrando opio. Y no logro dormir bien y menos soñar bien... ¡Esta terrible pesadilla! Y yo también puedo decir con el Divino Maestro: "Mi alma está

| Resabio: rastro, defecto | Repartida: distribuida |

---

20 *"La religión es el opio del pueblo"*. Se refiere al célebre aserto de Karl Marx (1818-1883), quien afirmó que la religión era el opio del pueblo.

triste hasta la muerte".[21] No, Lázaro, no; nada de sindicatos por nuestra parte. Si lo forman ellos me parecerá bien, pues que así se distraen. Que jueguen al sindicato, si eso les contenta. El pueblo todo observó que a Don Manuel le menguaban° las fuerzas, que se fatigaba. Su voz misma, aquella voz que era un milagro, adquirió un cierto temblor íntimo. Se le asomaban° las lágrimas con cualquier motivo. Y sobre todo cuando hablaba al pueblo del otro mundo, de la otra vida, tenía que detenerse a ratos cerrando los ojos. "Es que lo está viendo", decían. Y en aquellos momentos era Blasillo el bobo el que con más cuajo° lloraba. Porque ya Blasillo lloraba más que reía, y hasta sus risas sonaban a lloros.

Al llegar la última Semana de Pasión que con nosotros, en nuestro mundo, en nuestra aldea, celebró Don Manuel, el pueblo todo presintió° el fin de la tragedia. ¡Y cómo sonó entonces aquel: "Dios mío, Dios mío, ¿por qué me has abandonado?", el último que en público sollozó Don Manuel! Y cuando dijo lo del Divino Maestro al buen bandolero° —"todos los bandoleros son buenos", solía decir nuestro Don Manuel—, aquello de: "mañana estarás conmigo en el paraíso".[22] ¡Y la última comunión general que repartió nuestro santo! Cuando llegó a dársela a mi hermano, esta vez con mano segura, después del litúrgico: "... *in vitam aeternam*"°, se le inclinó al oído y le dijo: "No hay más

Menguaban: disminuían	Presintió: sospechó
Asomaban: salían	Bandolero: bandido
Más cuajo: más profundamente, con más ganas	*In vitam aeternam*: en la vida eterna

21 *"Mi alma está triste hasta la muerte"*. Comentario de Jesucristo a algunos de sus apóstoles al saber que muy pronto iba a ser prendido y crucificado. San Marcos 14:34.

22 *"Mañana estarás conmigo en el paraíso"*. Al pedirle uno de los ladrones que estaba crucificado al lado de Jesucristo que se acordara de él cuando llegara a su reino, Jesucristo le replica "En verdad te digo, hoy estarás conmigo en el paraíso." San Lucas 23: 43.

vida eterna que ésta... que la sueñen eterna... eterna de unos pocos años..." Y cuando me la dió a mí me dijo: "Reza, hija mía, reza por nosotros". Y luego, algo tan extraordinario que lo llevo en el corazón como el más grande misterio, y fué que me dijo con voz que parecía de otro mundo: "...y reza también por Nuestro Señor Jesucristo..."

Me levanté sin fuerzas y como sonámbula. Y todo en torno° me pareció un sueño. Y pensé: "Habré de rezar también por el lago y por la montaña". Y luego: "¿Es que estaré endemoniada?" Y en casa ya, cojí° el crucifijo con el cual en las manos había entregado a Dios su alma mi madre, y mirándolo a través de mis lágrimas y recordando el: "¡Dios mío, Dios mío, ¿por qué me has abandonado?" de nuestros dos Cristos, el de esta Tierra y el de esta aldea, recé: "hágase tu voluntad así en la tierra como en el cielo", primero, y después: "y no nos dejes caer en la tentación, amén".[23] Luego me volví a aquella imagen de la Dolorosa, con su corazón traspasado por siete espadas, que había sido el más doloroso consuelo de mi pobre madre, y recé: "Santa María, madre de Dios, ruega por nosotros pecadores, ahora y en la hora de nuestra muerte, amén".[24] Y apenas lo había rezado cuando me dije: "¿pecadores?, ¿nosotros pecadores?, ¿y cuál es nuestro pecado, cuál?" Y anduve todo el día acongojada por esta pregunta.

Al día siguiente acudí a Don Manuel, que iba adquiriendo una solemnidad de religioso ocaso, y le dije:

—¿Recuerda, padre mío, cuando hace ya años, al dirigirle yo una pregunta me contestó: "Eso no me lo preguntéis a mí,

---

En torno: alrededor	Cojí: cogí

---

23 *"Hágase... cielo", "y no nos... amén".* Parte de la oración del "Padre nuestro", enseñada por Jesucristo a los apóstoles. Véase San Mateo 6: 9-13.

24 *"Santa María... amén".* Parte de una oración del rito católico conocida como el "Ave María".

que soy ignorante; doctores tiene la Santa Madre Iglesia que os sabrán responder"?

—¡Que si me acuerdo!... y me acuerdo que te dije que ésas eran preguntas que te dictaba el Demonio.

—Pues bien, padre, hoy vuelvo yo, la endemoniada a dirigirle otra pregunta que me dicta mi demonio de la guarda.

—Pregunta.

—Ayer, al darme de comulgar, me pidió que rezara por todos nosotros y hasta por...

—Bien, cállalo y sigue.

—Llegué a casa y me puse a rezar, y al llegar a aquello de "ruega por nosotros, pecadores, ahora y en la hora de nuestra muerte", una voz íntima me dijo: "¿pecadores?, ¿pecadores nosotros?, ¿y cuál es nuestro pecado?" ¿Cuál es nuestro pecado, padre?

—¿Cuál? —me respondió—. Ya lo dijo un gran doctor de la Iglesia Católica Apostólica Española, ya lo dijo el gran doctor de La vida es sueño[25], ya dijo que "el delito° mayor del hombre es haber nacido". Ese es, hija, nuestro pecado: el de haber nacido.

—¿Y se cura, padre?

—¡Vete y vuelve a rezar! Vuelve a rezar por nosotros, pecadores, ahora y en la hora de nuestra muerte... Sí, al fin se cura el sueño... al fin se cura la vida... al fin se acaba la cruz del nacimiento... Y como dijo Calderón, el hacer bien, y el engañar bien, ni aun en sueños se pierde...

Y la hora de su muerte llegó por fin. Todo el pueblo la veía llegar. Y fué su más grande lección. No quiso morirse ni solo ni ocioso. Se murió predicando al pueblo, en el templo. Primero,

---

Delito: crimen, ofensa

---

25 *La vida es sueño*. Obra dramática de carácter filosófico y simbólico perteneciente a Pedro Calderón de la Barca (1600-1681).

antes de mandar que le llevasen a él, pues no podía ya moverse
por la perlesía, nos llamó a su casa a Lázaro y a mí. Y allí, los
tres a solas, nos dijo:

—Oíd: cuidad de estas pobres ovejas, que se consuelen de
vivir, que crean lo que yo no he podido creer. Y tú, Lázaro,
cuando hayas de morir, muere como yo, como morirá nuestra
Angela, en el seno de la Santa Madre Católica Apostólica
Romana, de la Santa Madre Iglesia de Valverde de Lucerna,
bien entendido. Y hasta nunca más ver, pues se acaba este sueño
de la vida...

—¡Padre, padre! —gemí yo.

—No te aflijas, Angela; y sigue rezando por todos los
pecadores, por todos los nacidos. Y que sueñen, que sueñen.
¡Qué ganas tengo de dormir, dormir, dormir sin fin, dormir por
toda una eternidad y sin soñar!, ¡olvidando el sueño! Cuando
me entierren, que sea en una caja hecha con aquellas seis tablas
que tallé° del viejo nogal, ¡pobrecito!, a cuya sombra jugué de
niño, cuando empezaba a soñar... ¡Y entonces sí que creía en la
vida perdurable°! Es decir, me figuro ahora que creía entonces.
Para un niño creer no es más que soñar. Y para un pueblo. Esas
seis tablas que tallé con mis propias manos, las encontraréis al
pie de mi cama.

Le dió un ahogo° y, repuesto° de él, prosiguió:

—Recordaréis que cuando rezábamos todos en uno, en
unanimidad de sentido, hechos pueblo, el Credo, al llegar al
final yo me callaba. Cuando los israelitas iban llegando al fin
de su peregrinación por el desierto, el Señor les dijo a Aarón
y a Moisés que por no haberle creído no meterían a su pueblo
en la tierra prometida, y les hizo subir al monte de Hor, donde

---

Tallé: corté   respiración
Perdurable: eterna   Repuesto: recuperado
Le dió un ahogo: perdió la

Moisés hizo desnudar a Aarón, que allí murió, y luego subió Moisés desde las llanuras de Moab al monte Nebo, a la cumbre° del Fasga, enfrente de Jericó, y el Señor le mostró toda la tierra prometida a su pueblo, pero diciéndole a él: "¡No pasarás allá!", y allí murió Moisés y nadie supo su sepultura.[26] Y dejó por caudillo a Josué. Sé, tú, Lázaro, mi Josué, y si puedes detener al sol detenle[27] y no te importe del progreso. Como Moisés, he conocido al Señor, nuestro supremo ensueño, cara a cara, y ya sabes que dice la Escritura que el que le ve la cara a Dios[28], que el que le ve al sueño los ojos de la cara con que nos mira, se muere sin remedio y para siempre. Que no le vea, pues, la cara a Dios este nuestro pueblo mientras viva, que después de muerto ya no hay cuidado, pues no verá nada...

—¡Padre, padre, padre!— volví a gemir.

Y él:

—Tú, Angela, reza siempre, sigue rezando para que los pecadores todos sueñen hasta morir la resurrección de la carne y la vida perdurable...

Yo esperaba un "¿y quién sabe...?" cuando le dió otro ahogo a Don Manuel.

—Y ahora —añadió—, ahora, en la hora de mi muerte, es hora de que hagáis que se me lleve, en este mismo sillón, a la iglesia, para despedirme allí de mi pueblo, que me espera.

Se le llevó a la iglesia y se le puso, en el sillón, en el presbiterio°, al pie del altar. Tenía entre sus manos un crucifijo.

Cumbre: cima, parte más alta de una montaña

Presbiterio: parte del altar mayor

---

26 *"Cuando los israelitas... supo su sepultura"*. La historia de la peregrinación de los israelitas por el desierto, acaudillados por Moisés, se encuentra en el *Deuteronomio 34*.

27 *"Y si puedes detener al sol detenle"*. Véase el libro de Josué 10: 13.

28 *"El que le ve la cara a Dios"*. En el libro *Éxodo*, Yavé no permite a Moisés que le vea la cara.

Mi hermano y yo nos pusimos junto a él, pero fué Blasillo el bobo quien más se arrimó.° Quería cojer° de la mano a Don Manuel, besársela. Y como algunos trataran de impedírselo, Don Manuel les reprendió diciéndoles:

—Dejadle que se me acerque. Ven, Blasillo, dame la mano.

El bobo lloraba de alegría. Y luego Don Manuel dijo:

—Muy pocas palabras, hijos míos, pues apenas me siento con fuerzas sino para morir. Y nada nuevo tengo que deciros. Ya os lo dije todo. Vivid en paz y contentos y esperando que todos nos veamos un día, en la Valverde de Lucerna que hay allí, entre las estrellas de la noche que se reflejan en el lago, sobre la montaña. Y rezad, rezad a María Santísima, rezad a Nuestro Señor. Sed buenos, que esto basta. Perdonadme el mal que haya podido haceros sin quererlo y sin saberlo. Y ahora, después de que os dé mi bendición, rezad todos a una° el Padrenuestro, el Avemaría, la Salve y por último el Credo.

Luego, con el crucifijo que tenía en la mano dió la bendición al pueblo, llorando las mujeres y los niños y no pocos hombres, y en seguida empezaron las oraciones, que Don Manuel oía en silencio y cojido° de la mano por Blasillo, que al son del ruego° se iba durmiendo. Primero el Padrenuestro con su "hágase tu voluntad así en la tierra como en el cielo", luego el Santa María con su "ruega por nosotros, pecadores, ahora y en la hora de nuestra muerte", a seguida° la Salve[29] con su "gimiendo y llorando en este valle de lágrimas", y por último el Credo. Y al llegar a la "resurrección de la carne y la vida perdurable",

---

Se arrimó: se acercó.
Cojer: coger
A una: al mismo tiempo, al
   unísono

cojido: cogido
Al son del ruego: mientras iba
   oyendo la oración
A seguida: después

---

29 *"Salve"* Oración del rito católico.

todo el pueblo sintió que su santo había entregado su alma a Dios. Y no hubo que cerrarle los ojos, porque se murió con ellos cerrados. Y al ir a despertar a Blasillo nos encontramos con que se había dormido en el Señor para siempre. Así que hubo luego que enterrar° dos cuerpos.

El pueblo todo se fué en seguida a la casa del santo a recojer° reliquias, a repartirse retazos° de sus vestiduras, a llevarse lo que pudieran como reliquia y recuerdo del bendito mártir. Mi hermano guardó su breviario, entre cuyas hojas encontró, desecada° y como en un herbario, una clavellina° pegada a un papel y en éste una cruz con una fecha.

Nadie en el pueblo quiso creer en la muerte de Don Manuel; todos esperaban verle a diario, y acaso le veían, pasar a lo largo del lago y espejado en él o teniendo por fondo la montaña; todos seguían oyendo su voz, y todos acudían a su sepultura, en torno a la cual surgió todo un culto. Las endemoniadas venían ahora a tocar la cruz de nogal, hecha también por sus manos y sacada del mismo árbol de donde sacó las seis tablas en que fué enterrado. Y los que menos queríamos creer que se hubiese muerto éramos mi hermano y yo.

El, Lázaro, continuaba la tradición del santo y empezó a redactar lo que le había oído, notas de que me he servido para esta mi memoria.

—El me hizo un hombre nuevo, un verdadero Lázaro[30], un resucitado —me decía—. El me dió fe.

—¿Fe? —le interrumpía yo.

—Sí, fe, fe en el consuelo de la vida, fe en el contento de

Enterrar: dar sepultura   Desecada: seca
Recojer: recoger   Clavellina: planta de claveles
Retazos: fragmentos, trozos

---

30 *"El me hizo... Lázaro".* Alusión a la resurrección de Lázaro de Betania por Jesucristo. San Juan 11: 1-45.

la vida. El me curó de mi progresismo. Porque hay, Angela, dos clases de hombres peligrosos y nocivos: los que convencidos de la vida de ultratumba, de la resurrección de la carne, atormentaban, como inquisidores que son, a los demás para que, despreciando esta vida como transitoria, se ganen la otra, y los que no creyendo más que en este...

—Como acaso tú... —le decía yo.

—Y sí, y como Don Manuel. Pero no creyendo más que en este mundo esperan no sé qué sociedad futura y se esfuerzan en negarle al pueblo el consuelo de creer en otro...

—De modo que...

—De modo que hay que hacer que vivan de la ilusión.

El pobre cura que llegó a sustituir a Don Manuel en el curato° entró en Valverde de Lucerna abrumado° por el recuerdo del santo y se entregó a mi hermano y a mí para que le guiásemos. No quería sino seguir las huellas del santo. Y mi hermano le decía: "Poca teología, ¿eh?, poca teología; religión, religión". Y yo al oírselo me sonreía pensando si es que no era también teología lo nuestro.

Yo empecé entonces a temer por mi pobre hermano. Desde que se nos murió Don Manuel no cabía decir que° viviese. Visitaba a diario su tumba y se pasaba horas muertas contemplando el lago. Sentía morriña° de la paz verdadera.

—No mires tanto al lago —le decía yo.

—No, hermana, no temas. Es otro el lago que me llama; es otra la montaña. No puedo vivir sin él.

—¿Y el contento de vivir, Lázaro, el contento de vivir?

—Eso para otros pecadores, no para nosotros, que le hemos visto la cara a Dios, a quienes nos ha mirado con sus ojos el sueño de la vida.

Curato: en el cargo de cura
Abrumado: agobiado, incapaz de
   hacer olvidar

No cabía decir que: no podía
   decirse que
Morriña: melancolía, nostalgia

—Qué, ¿te preparas a ir a ver a Don Manuel?

—No, hermana, no; ahora y aquí en casa, entre nosotros solos, toda la verdad, por amarga que sea, amarga como el mar a que van a parar las aguas de este dulce lago, toda la verdad para ti, que estás abroquelada° contra ella...

—¡No, no, Lázaro; ésa no es la verdad!

—La mía, sí.

—La tuya, ¿pero y la de...?

—También la de él.

—¡Ahora, no, Lázaro; ahora, no! Ahora cree otra cosa, ahora cree...

—Mira, Angela, una de las veces en que al decirme Don Manuel que hay cosas que aunque se las diga uno a sí mismo debe callárselas a los demás, le repliqué que me decía eso por decírselas a él, esas mismas, a sí mismo, acabó confesándome que creía que más de uno de los más grandes santos, acaso el mayor, había muerto sin creer en la otra vida.

—¿Es posible?

—¡Y tan posible! Y ahora, hermana, cuida que no sospechen siquiera aquí, en el pueblo, nuestro secreto...

—¿Sospecharlo? —le dije—. Si intentase, por locura, explicárselo, no lo entenderían. El pueblo no entiende de palabras; el pueblo no ha entendido más que vuestras obras. Querer exponerles eso sería como leer a unos niños de ocho años unas páginas de Santo Tomás de Aquino... en latín.

—Bueno, pues cuando yo me vaya, reza por mí y por él y por todos.

Y por fin le llegó también su hora. Una enfermedad que iba minando su robusta naturaleza pareció exacerbársele con la muerte de Don Manuel.

Abroquelada: defendida, protegida

—No siento tanto tener que morir —me decía en sus últimos días—, como que conmigo se muere otro pedazo° del alma de Don Manuel. Pero lo demás de él vivirá contigo. Hasta que un día hasta los muertos nos moriremos del todo.

Cuando° se hallaba agonizando entraron, como se acostumbra en nuestras aldeas, los del pueblo a verle agonizar, y encomendaban su alma a Don Manuel, a San Manuel Bueno, el mártir. Mi hermano no les dijo nada, no tenía ya nada que decirles; les dejaba dicho todo, todo lo que queda dicho. Era otra laña° más entre las dos Valverdes de Lucerna, la del fondo del lago y la que en su sobrehaz se mira; era ya uno de nuestros muertos de vida, uno también, a su modo, de nuestros santos.

Quedé más que desolada, pero en mi pueblo, y con mi pueblo. Y ahora, al haber perdido a mi San Manuel, al padre de mi alma, y a mi Lázaro, mi hermano aún más que carnal, espiritual, aho a es cuando me doy cuenta de que he envejecido y de cómo he envejecido. Pero ¿es que los he perdido?, ¿es que he envejecido?, ¿es que me acerco a mi muerte?

¡Hay que vivir! Y él me enseñó a vivir, él nos enseñó a vivir, a sentir la vida, a sentir el sentido de la vida, a sumergirnos en el alma de la montaña, en el alma del lago, en el alma del pueblo de la aldea, a perdernos en ellas para quedar en ellas. El me enseñó con su vida a perderme en la vida del pueblo de mi aldea, y no sentía yo más pasar las horas, y los días y los años, que no sentía pasar el agua del lago. Me parecía como si mi vida hubiese de ser siempre igual. No me sentía envejecer. No vivía yo ya en mí, sino que vivía en mi pueblo y mi pueblo vivía en mí. Yo quería decir lo que ellos, los míos, me decían sin querer. Salía a la calle, que era la carretera, y como conocía a todos, vivía en ellos y me olvidaba de mí, mientras que en Madrid, donde estuve

---

Pedazo: parte   para sujetar dos trozos de
Laña: pieza de metal que sirve   cerámica rotos, vínculo

alguna vez con mi hermano, como a nadie conocía, sentíame en terrible soledad y torturada por tantos desconocidos.

Y ahora, al escribir esta memoria, esta confesión íntima de mi experiencia de la santidad ajena, creo que Don Manuel Bueno, que mi San Manuel y que mi hermano Lázaro se murieron creyendo no creer lo que más nos interesa, pero sin creer creerlo, creyéndolo en una desolación activa y resignada.

Pero ¿por qué —me he preguntado muchas veces— no trató Don Manuel de convertir a mi hermano también con un engaño, con una mentira, fingiéndose creyente sin serlo? Y he comprendido que fué porque comprendió que no le engañaría, que para con él no le serviría el engaño, que sólo con la verdad, con su verdad, le convertiría; que no habría conseguido nada si hubiese pretendido representar para con él una comedia — tragedia más bien—, la que representaba para salvar al pueblo. Y así le ganó, en efecto, para su piadoso fraude; así le ganó con la verdad de muerte a la razón de vida. Y así me ganó a mí, que nunca dejé trasparentar a los otros su divino, su santísimo juego. Y es que creía y creo que Dios Nuestro Señor, por no sé qué sagrados y no escudriñaderos° designios, les hizo creerse incrédulos. Y que acaso en el acabamiento° de su tránsito° se les cayó la venda°. ¿Y yo, creo?

Y al escribir esto ahora, aquí, en mi vieja casa materna, a mis más que cincuenta años, cuando empiezan a blanquear con mi cabeza mis recuerdos, está nevando, nevando sobre el lago, nevando sobre la montaña, nevando sobre las memorias de mi padre, el forastero; de mi madre, de mi hermano Lázaro, de mi pueblo, de mi San Manuel, y también sobre la memoria del pobre Blasillo, de mi San Blasillo, y que él me ampare°

Escudriñaderos: difíciles de
   conocer
Acabamiento: final
Tránsito: camino de esta vida

Venda: lo que se usa para cubrir
   una herida o los ojos
Ampare: proteja

desde el cielo. Y esta nieve borra esquinas y borra sombras, pues hasta de noche la nieve alumbra. Y yo no sé lo que es verdad y lo que es mentira, ni lo que vi y lo que soñé —o mejor lo que soñé y lo que sólo vi—, ni lo que supe ni lo que creí. Ni sé si estoy traspasando a este papel, tan blanco como la nieve, mi conciencia que en él se ha de quedar, quedándome yo sin ella. ¿Para qué tenerla ya...?

¿Es que sé algo?, ¿es que creo algo? ¿Es que esto que estoy aquí contando ha pasado y ha pasado tal y como lo cuento? ¿Es que pueden pasar estas cosas? ¿Es que todo esto es más que un sueño soñado dentro de otro sueño? ¿Seré yo, Angela Carballino, hoy cincuentona, la única persona que en esta aldea se ve acometida° de estos pensamientos extraños para los demás? ¿Y éstos, los otros, los que me rodean°, creen? ¿Qué es eso de creer? Por lo menos, viven. Y ahora creen en San Manuel Bueno, mártir, que sin esperar inmortalidad les mantuvo en la esperanza de ella.

Parece que el ilustrísimo señor obispo, el que ha promovido el proceso de beatificación de nuestro santo de Valverde de Lucerna, se propone escribir su vida, una especie de manual del perfecto párroco, y recoje° para ello toda clase de noticias. A mí me las ha pedido con insistencia, ha tenido entrevistas conmigo, le he dado toda clase de datos, pero me he callado siempre el secreto trágico de Don Manuel y de mi hermano. Y es curioso que él no lo haya sospechado. Y confío en que no llegue a su conocimiento todo lo que en esta memoria dejo consignado. Les temo a las autoridades de la tierra, a las autoridades temporales, aunque sean las de la Iglesia.

Pero aquí queda esto, y sea de su suerte lo que fuere°.

Acometida: atacada   Y sea de su suerte lo que fuere: y
Me rodean: están a mi alrededor   que pase lo que pase
Recoje: recoge

¿Cómo vino a parar a mis manos este documento, esta memoria de Angela Carballino? He aquí algo, lector, algo que debo guardar en secreto. Te la doy tal y como a mí ha llegado, sin más que corregir pocas, muy pocas particularidades de redacción. ¿Que se parece mucho a otras cosas que yo he escrito? Esto nada prueba contra su objetividad, su originalidad. ¿Y sé yo, además, si no he creado fuera de mí seres reales y efectivos, de alma inmortalidad? ¿Sé yo si aquel Augusto Pérez[31], el de mi novela Niebla, no tenia razón al pretender ser más real, más objetivo que yo mismo, que creía haberle inventado? De la realidad de este San Manuel Bueno, mártir, tal como me le ha revelado su discípula e hija espiritual Angela Carballino, de esta realidad no se me ocurre dudar. Creo en ella más que creía el mismo santo; creo en ella más que creo en mi propia realidad.

Y ahora, antes de cerrar este epílogo, quiero recordarte, lector paciente, el versillo noveno de la Epístola del olvidado apóstol San Judas —¡lo que hace un nombre!°—, donde se nos dice cómo mi celestial patrono, San Miguel Arcángel —Miguel quiere decir "¿Quién como Dios?", y arcángel archimensajero°—, disputó con el Diablo —Diablo quiere decir acusador, fiscal°— por el cuerpo de Moisés y no toleró que se lo llevase en juicio de maldición, sino que le dijo al Diablo: "El Señor te reprenda". Y el que quiera entender, que entienda.

Quiero también, ya que Angela Carballino mezcló a su relato sus propios sentimientos, ni sé que otra cosa quepa°, comentar yo aquí lo que ella dejó dicho de que si Don Manuel y su discípulo Lázaro hubiesen confesado al pueblo su estado

---

¡Lo que hace un nombre!: lo importante que es un nombre
Archimensajero: mensajero, en sentido enfático e intensivo

Fiscal: empleado del sistema judicial que defiende los intereses del pueblo
Quepa: subjuntivo de caber

---

31 *Augusto Pérez*. Protagonista de *Niebla*. Véase la introducción para más detalles sobre esta novela.

de creencia, éste, el pueblo, no les habría entendido. Ni les habría creído, añado yo. Habrían creído a sus obras y no a sus palabras, porque las palabras no sirven para apoyar las obras, sino que las obras se bastan°. Y para un pueblo como el de Valverde de Lucerna no hay más confesión que la conducta. Ni sabe el pueblo qué cosa es fe, ni acaso le importa mucho.

Bien sé que en lo que se cuenta en este relato, si se quiere novelesco —y la novela es la más íntima historia, la más verdadera, por lo que no me explico que haya quien se indigne° de que se llame novela al Evangelio, lo que es elevarle, en ralidad, sobre un cronicón cualquiera—, bien sé que en lo que se cuenta en este relato no pasa nada; mas espero que sea porque en ello todo se queda, como se quedan los lagos y las montañas, y las santas almas sencillas asentadas° más allá de la fe y de la desesperación, que en ellos, en los lagos y las montañas, fuera de la historia, en divina novela, se cobijaron°.

Salamanca, noviembre de 1930.

Se bastan: son suficientes   Asentadas: establecidas
Se indigne: se moleste, tome a   Se cobijaron: se albergaron, se
    mal   metieron

Cuestionario

1. ¿Qué información compartió la madre de Ángela con su hija acerca del padre de ésta?

2. ¿Recibió algún tipo de instrucción literaria Ángela? ¿Qué obras literarias leyó?

3. ¿Cómo es descrito físicamente don Manuel?

4. ¿Quiénes son la tía Ramona y Perote? ¿De qué manera intervino don Manuel en su relación?

5. ¿Qué acontecimientos solían suceder en la noche de san Juan en el lago de Valverde de Lucerna? ¿Realizó algunos milagros don Manuel?

6. ¿Qué prefería don Manuel, la vida contemplativa o la activa?

7. ¿Quién es Lázaro? ¿De dónde vino? ¿Quería que su familia se quedara viviendo en Valverde de Lucerna?

8. ¿Cuál es el secreto que Lázaro arranca de don Manuel?

9. De acuerdo a Lázaro, ¿de qué manera cree el pueblo en Dios?

10. ¿Qué opina don Manuel acerca de la creación de un sindicato agrario católico?

11. Según Lázaro, ¿qué dos tipos de hombres son peligrosos?

12. ¿Qué consejo da Lázaro al sustituto de don Manuel?

Selección múltiple

I. ¿Qué nivel de educación escolar llegó a alcanzar Ángela?

A. Logró sacar un título universitario
B. Nunca asistió a la escuela
C. Asistió a una escuela primaria, y después de cinco años se salió.
D. Asistió a un colegio y leyó algunas obras clásicas

II. ¿Qué tipo de relación mantiene don Manuel con Blasillo el bobo?

A. Muy tirante
B. Don Manuel sólo sentía lástima por Blasillo
C. Don Manuel sentía un cariño especial por él
D. Don Manuel lo ignoraba

III. Cuando un juez le pide a don Manuel que saque la verdad de un bandido con respecto a un crimen

A. Don Manuel no quiere intervenir en este proceso inquisitivo
B. Don Manuel ayuda al juez
C. Don Manuel se enoja con el bandido pero termina perdonándolo
D. Don Manuel dice que dios ya lo ha condenado

IV. En la relación espiritual de Ángela con don Manuel

A. El cura le cuenta a Ángela algunas de sus dudas religiosas
B. Don Manuel se abre a ella y le dice todo lo que le preocupa espiritualmente
C. Don Manuel no le cuenta nada
D. El sacerdote le confiesa su falta de creencia en una vida futura

V. Lázaro, el hermano de Ángela

    A. Defendía la idea del progreso

    B. Estaba a favor de una sociedad rural

    C. Abogaba por una sociedad teocrática

    D. Rechazaba el progreso

VI. Don Manuel compartía con su padre

    A. La misma pasión por la lectura de obras literarias clásicas

    B. Las misma ideología política

    C. La tentación del suicidio

    D. El amor por la naturaleza

VII. Según la última voz narrativa, si don Manuel y Lázaro le hubieran confesado al pueblo sus creencias religiosas, éste

    A. Los habría condenado

    B. Los habría perdonado

    C. Los habría comprendido

    D. No les habría creído

Análisis crítico

1. Los ángeles son los mensajeros a través de los cuales se comunica el mundo divino con el mundo humano. Ángela, cuyo nombre viene de ángel, ¿cumple en el texto una función similar a la de los ángeles divinos? Explique su respuesta.

2. El obispo de la diócesis de Renada se encuentra promoviendo el proceso para la beatificación de don Manuel en el momento que Ángela está escribiendo sus memorias. ¿Qué efecto puede tener su texto en este proceso? El título de la novela lo llama a don Manuel

"santo", ahora bien, ¿para quién o para quiénes es el protagonista un santo? ¿Es para la iglesia también un santo? ¿Y para usted como lector?

3. Manuel viene de Enmanuel, que en hebreo significa "dios con nosotros". Analice la relación analógica y las diferencias entre don Manuel y Jesucristo.

4. ¿Quién es Blasillo? ¿Qué tipo de relación mantiene don Manuel con Blasillo? ¿Qué valor simbólico podemos atribuir a este personaje?

5. ¿Qué valor simbólico podemos atribuir a la clavellina seca pegada a un papel, y en éste una cruz con una fecha? ¿Cómo se relacionan con la fe de don Manuel?

6. Identifique algunos de los personajes de la novela que no tienen padre o esposo. ¿Qué relación podemos establecer entre la ausencia de una figura paternal y la presencia o ausencia de Dios en la vida de los habitantes de Valverde de Lucerna?

7. ¿Murió don Manuel como cristiano creyente? Comente la ambigüedad que plantea Unamuno en torno a la creencia o falta de creencia de Manuel en Dios y/o en una vida perdurable.

8. El payaso se dedica a hacer reír a los demás mientras agoniza su esposa. ¿Encuentra en esta actitud de abnegación y oposición binaria de sentimientos alguna relación analógica con la vida espiritual de don Manuel?

9. Mencione algunos ejemplos en los que el lago y la montaña aparecen como elementos descriptivos o comparativos.

10. ¿Por qué llama don Manuel al nogal bajo el que jugaba de niño "un nogal matriarcal"?

11. ¿Qué conexión temática podemos establecer entre las citas de *La vida es sueño*, de Calderón de la Barca, con la novela de Unamuno? Piense en el comentario que hace Ángela al

final del relato, "¿Es que todo esto es más que un sueño soñado dentro de otro sueño?"

12. ¿Cómo interpreta en el contexto de esta novela la cita de Karl Marx, "la religión es el opio del pueblo?

13. ¿Qué significado le asigna a la Semana de Pasión? ¿Se puede relacionar el sufrimiento y muerte de Cristo con el de algún personaje de la novela?

14. La figura de Moisés y su papel de líder para con el pueblo judío se menciona en varias ocasiones en este relato, ¿podemos relacionar este hecho bíblico con don Manuel y el pueblo de Valverde de Lucerna? ¿Qué conexión encuentra?

15. ¿Cómo se crea el espacio temporal en esta novela? ¿Hay referencias cronológicas o históricas? ¿Hay un desarrollo cronológico lineal en esta historia?

16. El creador del personaje Augusto Pérez comenta al final de esta historia cómo llegaron a sus manos las memorias de Ángela. ¿Quién fue el creador de aquél personaje? ¿Qué repercusiones narrativas tiene el hecho que Ángela y el creador de Augusto Pérez estén en el mismo plano o nivel narrativo?

Ensayo

1. Haga un estudio de los síbolos de esta novela, especialmente el lago, la montaña, la villa sumergida en el lago, la nieve y la zagala que canta en la montaña, y trate de demonstrar cómo complementan y enriquecen el significado del texto.

2. Analice las citas y referencias bíblicas que hay en esta obra y explore su relación con don Manuel, con otros personajes,

y con los temas principales que Unamuno plantea en este relato.

3. *San Manuel Bueno, mártir* es una novela que se puede clasificar de metafictiva. Es metafictiva porque al tiempo que se nos cuenta la historia de don Manuel se narra una parte del proceso de su composición y hay un comentario sobre otra u otras novelas de Unamuno. El texto está primera y principalmente narrado por Ángela, pero al final de la obra aparece una nueva voz narrativa que hace una serie de comentarios metafictivos sobre su papel de narrador y escritor. Estudie el papel de Ángela como narradora y considere si es una narradora fiable o indigna de confianza, y si se puede diferenciar lo que es narrado por ella de lo que aportan otras posibles voces narrativas. Identifique, asimismo, a la ultima voz narrativa que aparece en el texto y estudie los distintos comentarios metafictivos que hace sobre él mismo, sobre la novela que hemos leído, y sobre la novela y la historia.

4. La obra que ha leído narra la historia de un sacerdote que predica unas creencias religiosas, en las que no cree en su totalidad, con objeto de hacer feliz al pueblo. ¿Puede relacionar este papel con el del doctor que receta a sus pacientes un tratamiento en el que no cree? ¿Se puede relacionar esta actidud del cura con lo que nosotros, lectores, hacemos aun sabiendo que no tiene ningún sentido práctico? ¿Puede pensar en rituales de esta naturaleza, rituales vacíos, que se practican en el campo de los deportes o en nuestra vida escolar y profesional?

BIBLIOGRAFÍA

Butt, John. *Miguel de Unamuno. San Manuel Bueno, mártir*. London: Grant & Cutler Ltd., 1981.

Díez, Ricardo. *El desarrollo estético de la novela de Unamuno*. Madrid: Playor, 1976.

Falconieri, John V. *"San Manuel Bueno, mártir*, Spiritual Autobiography: A Study in Imagery." *Symposium* 17 (1964): 128-141.

Gullón, Ricardo. *Autobiografías de Unamuno*. Madrid: Gredos, 1964.

Hernández, Pelayo H. *El problema de la personalidad en Unamuno y en San Manuel Bueno, mártir*. Madrid: Ed. Mayfe, S. A., 1966.

Jurkevich, Gayana. *The Elusive Self. Archetypal Approaches to the Novels of Miguel de Unamuno*. Columbia, Missouri: University of Missouri P, 1991.

Marín, Diego y Ángel del Río. *Breve historia de la literatura española*. New York: Holt, Rinehart and Winston, 1966.

Nozick, Martin. *Miguel de Unamuno*. New York: Twayne, 1969.

Sánchez Barbudo, Antonio, ed. *Miguel de Unamuno*. Madrid: Taurus, 1974.

Turner, David G. *Unamuno's Webs of Fatality*. London: Tamesis, 1974.

Valdés, Mario J. y María Elena Valdés. *Comparative and Critical Edition of San Manuel Bueno, Mártir*. Madrid: E. Castalia, 1973